letture divertenti
Umorismo

letture divertenti
Umorismo

ELISE MAGISTRO

NICOLETTA TINOZZI-MEHRMAND

EDIZIONI FARINELLI

WWW.EDIZIONIFARINELLI.COM

Edited by Barbara Carbon

Cover Design and Illustrations by Tandem, Perugia Italy
www.tandem-italia.com

Published by Edizioni Farinelli
20 Sutton Place South
New York, NY 10022
Tel: + 1-212-751-2427
Email: edizioni@mindspring.com

ISBN-13: 978-0-9824845-4-8
ISBN-10: 0-9824845-4-2

Printed in the United States of America

CONTENTS

ACKNOWLEDGEMENTS

Heartfelt thanks first and foremost to our publisher, Jean Farinelli, for all her patience and encouragement in helping to make this reader a reality. We are also deeply indebted to our editor, Barbara Carbon, for her careful revisions and helpful advice along the way. It was a true pleasure to work with such committed professionals who believed in the value of our project. In addition, we thank the hundreds of students we have taught over the years, for while they were learning, we were certainly learning too. They were the true inspiration for many of the ideas we developed in the book, helping us to appreciate the value of humor in the classroom. Finally, in a nod to one another, we are grateful for the opportunity to have collaborated on a project that we have both held dear since we began our teaching together.

ELISE MAGISTRO

Elise Magistro is a Senior Lecturer in Italian at Scripps College in Claremont, California. She holds an MA in Italian from Stanford University and a doctorate in Italian Literature from U.C.L.A.

Her research focuses on a spectrum of interrelated areas including late 19th and early 20th century Italian women writers, the literature of Sicily, and Italian emigration literature from 1880 to 1920. Her publications include "Forging An Art: The Early Novels of Grazia Deledda" in *Challenging the Modern* (Troubador Press, 2007), *Behind Closed Doors: Her Father's House and Other Stories of Sicily by Maria Messina* (The Feminist Press, 2007), and "Il mio Michelangelo" in *Non soltanto un baule* (Edizioni Farinelli, 2005).

In addition to her scholarly contributions and translations, she has worked extensively on developing effective strategies for teaching Italian language at the undergraduate level.

◆ ◆ ◆

NICOLETTA TINOZZI-MEHRMAND

Nicoletta Tinozzi-Mehrmand is Senior Lecturer in Italian at the University of California Riverside where she teaches Italian language, literature, cinema and culture. A native of Pescara, Italy, she holds a *Laurea* in Foreign Languages and Literatures from La Sapienza University, Rome, and an MA and Ph.D. in Italian Literature from the University of California, Los Angeles, with a dissertation on 18th century Italian playwright Vittorio Alfieri.

Her publications include "Luca Desiato" in *DLB: Italian Novelists since World War II* (Bruccoli & Layman, Inc., 1998), *Film Study Guide: Io non ho paura* (Edizioni Farinelli, 2007), and *Film Study Guide: Pane e tulipani* (Edizioni Farinelli, 2008). She also has written papers on several contemporary Italian female writers including Paola Masino, Anna Banti, Angela Bianchini and Clara Sereni, and has prepared numerous translations in art history, literature and botany.
She is fluent in four languages, Italian, English, Spanish and Farsi, and has a reading knowledge of French and Latin. She currently lives in Southern California with her husband and two daughters.

INTRODUCTION

Our primary goal in *Letture divertenti* is to provide teachers and advanced students of Italian with a reader that is tailored for the modern day classroom. As the title implies, we believe that students are more likely to be motivated and actively engaged when reading texts that are both entertaining and instructive. To this end, *Letture divertenti* combines spirited literary readings with contemporary pedagogical techniques. Humor serves many purposes in the classroom, not the least of which is helping students overcome their hesitation in the face of texts that are both grammatically and lexically challenging. A secondary, but no less important, goal of *Letture divertenti* is teaching through close textual analysis. Most exercises, whether lexical or grammatical, are based on the actual content found in the readings. The compact structure of the reader also ensures that neither teachers nor students are overwhelmed by an overabundance of material. The flexibility of the chapters allows teachers to adapt the text to their particular classroom needs. Finally, this symbol 📖 used throughout means students should use their dictionaries. We offer the following suggestions on ways teachers might approach the text.

I. Breve Curriculum Vitae

Biographical information on the individual authors precedes each *Prima di leggere* segments. We have chosen to present this information in the format of brief résumés knowing that students frequently skip lengthy biographical introductions. Since background on an author's life and literary experiences often enhances students' understanding of the text, offering material in this abbreviated, more "reader-friendly" form increases the likelihood that students will read and retain pertinent facts about the writers. The *Se vuoi saperne di più…* section adds an interactive aspect to the authors' profiles, requiring students to engage in their own research and thus provide additional information themselves.

II. Prima di leggere . . .

The selected readings contain complex grammatical structures and a sophisticated vocabulary that may challenge even the advanced student. With this in mind, we have structured the pre-reading activities to introduce key themes and a core lexicon via diverse exercises that include finding synonyms, determining meaning through contextual use and recognizing cognates. The use of a good standard or online dictionary is highly encouraged. Exposure to new vocabulary early on ensures that students will face fewer obstacles as they navigate the text for the first time. Reading with more confidence, in turn, enables them to use the new vocabulary with greater ease in subsequent class discussions. It is our experience that students participate more fully at this level once they have been exposed to the core vocabulary. Thus the pre-reading exercises help students to transition from general and non-specific usage to one that is more sophisticated and precise.

III. Dopo aver letto . . .

The initial segment of this section tests students' basic comprehension of the text, either through a multiple-choice format or more straightforward question and answer exercises. In the remaining activities, a careful analysis of how new vocabulary and idiomatic expressions are used in context aids students in the acquisition of new material. Although the format of these exercises varies in each chapter, the goal is always to enhance students' ability to incorporate, or even substitute new idioms and vocabulary in different contexts.

IV. Occhio alla grammatica!

Occhio alla grammatica! is not intended as a comprehensive grammar review but rather as a more in-depth study of structures that are problematic for non-native Italian speakers. We selected the grammar points after a careful examination of each individual reading, concentrating on two or three that are used throughout a particular literary piece. Every effort has been made to link student exercises to examples found in the text, a technique that encourages students to return to the passage for a second and third reading. By asking students to locate these structures in various parts of the text, they are then better equipped to produce original examples of their own.

V. Parliamone un po'!

Through stimulating questions, this section encourages students to use the chapter vocabulary and to discuss with their classmates specific issues that were raised in the story. It also engages the students in conversations about their own experiences or those of their friends and families.

VI. Occhio alla scrittura!

After successive readings of the text and completion of the preparatory material in *Parliamone un po'!*, students are asked to write on a topic related to key themes in the chapter. At this juncture students are more comfortable using an increasingly difficult vocabulary and complex sentence structures and should be encouraged to do so in their writing. Although teachers should allow students a certain latitude in addressing the topic, it is important to remember that this is a directed writing assignment: students are expected to use the new vocabulary, communicative expressions and specific grammar structures in their essays. In order to encourage a cohesive writing style with smooth transitions, we have included an Appendix: *Espressioni per la composizione* that students may (and should) reference when working on their assignment.

Breve curriculum vitae
di
Luigi Malerba

- **Data di nascita:** 11 novembre 1927

- **Data di morte:** 8 maggio 2008

- **Luogo di nascita:** Berceto (provincia di Parma)

- **Forse non sapevi che. . .** il suo vero nome era
  Luigi Bonardi e faceva parte del circolo letterario "Gruppo '63".

- **Profilo letterario:** Autore propenso alla satira e all'innovazione
  linguistica, scrisse romanzi storici, racconti per bambini
  e sceneggiature.

- **Top 5 della sua carriera:** *La scoperta dell'alfabeto (1963);*
  Il serpente (1966); Saltomortale (1968); Storiette (1977);
  Storiette tascabili (1984).

◆ ◆ ◆

- **Se vuoi saperne di più. . .**

1. Trova la città di Parma sulla cartina dell'Italia (a pagina 2).
   In quale regione si trova?

2. Con l'aiuto di Internet trova alcune informazioni sul
   Gruppo '63. Quale aspetto di questo gruppo ti interessa
   di più e perché?

3. Sempre servendoti di Internet, trova qualche altra informazione
   interessante su Malerba da condividere con i tuoi compagni.

A   📖 *Prima di leggere . . .*

A.1   Abbinate le espressioni o le parole della colonna A con i loro sinonimi nella colonna B.

A	B
1. segnare	**a)** consecutivo
2. fare la collezione	**b)** inghiottire
3. ogni tanto	**c)** continuare
4. infilare	**d)** non parlare
5. nel bel mezzo	**e)** scrivere/appuntare
6. provare a	**f)** poiché
7. andare avanti	**g)** pregare
8. non poterne più	**h)** raccogliere
9. siccome	**i)** ricominciare a
10. ingoiare	**l)** non resistere
11. supplicare	**m)** mettere dentro/tra
12. tacere	**n)** nel centro di
13. di seguito	**o)** cercare di
14. rimettersi a	**p)** talvolta

A.2 Completate con la forma giusta del verbo, del sostantivo o dell'aggettivo a seconda del caso. Troverete tutte le parole in neretto nel testo.

Esempio dal testo: "Ottorino aveva **il vizio** di dire le parolacce." (RIGA 1)

VERBO	SOSTANTIVO	AGGETTIVO
viziare	*il vizio*	*viziato*
1. _____	_____	studioso
2. piovere	_____	_____
3. _____	_____	disperato
4. _____	_____	pulito
5. pensare	_____	_____
6. divertire	_____	_____
7. _____	lo sporcaccione	_____
8. _____	la gioia	_____
9. festeggiare	_____	_____
10. piangere	_____	_____

Le parole sporche

Ottorino aveva il vizio di dire le parolacce. Le diceva a tavola mentre mangiava, per la strada, a scuola, la mattina, il pomeriggio, la sera, quando pioveva, quando c'era il sole, al mare, in montagna e una volta gli scappò una parolaccia anche
5 in chiesa mentre il prete diceva la messa. Quando imparava una parolaccia nuova Ottorino la segnava su un quadernetto per non dimenticarla. Faccio la collezione, diceva alla madre. Gli altri bambini facevano la collezione delle figurine o dei francobolli e lui faceva la collezione delle parolacce.

10 Ottorino era un bambino molto buono e gentile e studioso. Studiava geometria e aritmetica, storia e geografia. Ma ogni tanto fra un segmento e un angolo retto infilava una parolaccia. Oppure ne metteva una fra **Cavour°** e Napoleone, o nel bel mezzo della **Pianura Padana°** o sulla cima del Monte
15 Bianco che, come si sa, è il monte più bianco d'Europa. I maestri della scuola mandarono a chiamare la madre e le dissero che così non poteva andare avanti. Un giorno Ottorino disse una parolaccia proprio alla fine della poesia di Natale.

20 La mamma di Ottorino non ne poteva più. Sei uno sporcaccione, gli diceva, ma il bambino incominciò a dire le parolacce anche di notte durante il sonno. La mamma di Ottorino pensava che le parole si formano in bocca e siccome nella bocca di Ottorino si formavano tante parole sporche,
25 decise di lavarla. Gli lavò la bocca con il sapone da bucato. Gli riempí tutta la bocca con la schiuma, gliela ripulí e risciacquò a fondo, e Ottorino piangeva e piangendo ingoiò anche un po' di sapone. Alla fine però la bocca era pulitissima.

Da quel giorno Ottorino non disse piú parole sporche, ma
30 non disse piú nemmeno quelle pulite, non diceva piú niente, non parlava piú.

— Parla, Ottorino, dimmi qualcosa, — lo supplicava la madre disperata.

Camillo Benso Conte di Cavour (1810-1861)... statista italiano che ebbe un ruolo fondamentale nell'unificazione dell'Italia

grande vallata situata nell'Italia settentrionale e attraversata dal fiume Po

Ma il bambino taceva, continuava a tacere sia di giorno che di notte.

35 La povera donna era molto pentita di avergli lavato la bocca con il sapone e provò a dargli delle caramelle, dei gelati, dei dolci. Non servirono a niente. Provò a raccontargli delle favole per farlo divertire, ma Ottorino si divertiva e continuava a tacere.

40 Una sera prima di andare a letto la madre di Ottorino prese il quaderno delle parolacce e incominciò a leggerlo. Per molte sere di seguito gli lesse le parolacce del quaderno e andava avanti fino a quando Ottorino si addormentava.

Finalmente una sera, mentre gli occhi gli si chiudevano per 45 il sonno, il bambino aprì la bocca e disse "merda". La madre pianse per la gioia e il giorno dopo chiamò tutti gli amici e parenti per festeggiare Ottorino che si era rimesso a parlare.

◆ ◆ ◆

B *Dopo aver letto . . .*

B.1 **Comprensione di base. Scegliete l'affermazione che completa meglio le seguenti frasi rispettando il significato del testo.**

1. Ottorino . . .
    a) aveva letto le parolacce su un quadernetto.
    b) faceva la collezione dei francobolli.
    c) diceva le parolacce senza motivo.
    d) diceva le parole sporche al prete.

2. Ogni giorno . . .
    a) Ottorino diceva le parolacce a Cavour.
    b) i maestri parlavano tra di loro del problema di Ottorino.
    c) Ottorino scriveva poesie piene di parolacce.
    d) Ottorino studiava diligentemente.

3. In seguito . . .
    a) la mamma non ce l'ha fatta più.
    b) Ottorino si è lavato la bocca con il sapone.
    c) con il sapone la mamma ha fatto il bucato.
    d) Ottorino ha fatto un bagnoschiuma perché era sporco.

4. Di conseguenza . . .
    a) Ottorino si è ribellato e ha smesso di parlare.
    b) Ottorino parlava solo di notte.
    c) la mamma era contenta di avergli lavato la bocca.
    d) la mamma gli dava i dolci per non fargli dire le parolacce.

5. Alla fine . . .
    a) Ottorino si è pentito di aver detto le parolacce.
    b) la mamma ha buttato via il quadernetto con le parolacce.
    c) tutti erano contenti che Ottorino avesse ricominciato a parlare.
    d) Ottorino non ha detto più parolacce.

B.2 Utilizzando i suffissi elencati sotto, formate la parola che meglio corrisponde al contesto della frase. Può esserci anche più di una risposta corretta.

-INO/ETTO – piccolo e carino
-ONE – grande e esagerato
-ACCIO – brutto e cattivo
-UCCIO – misero, piccolo; qualche volta vecchio; a volte piccolo e carino, a seconda del contesto

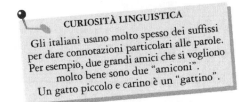

CURIOSITÀ LINGUISTICA

Gli italiani usano molto spesso dei suffissi per dare connotazioni particolari alle parole. Per esempio, due grandi amici che si vogliono molto bene sono due "amiconi". Un gatto piccolo e carino è un "gattino".

Esempio dal testo:

"Il bambino incominciò a dire **le parolacce** anche di notte." (RIGHE 21-22)

1. La nonna di Maria è una _____ molto dolce e affettuosa. **[vecchio]**

2. Eravamo tutti davanti al ristorante quando è arrivato Gianni con la sua _____ sportiva, una bellissima Ferrari Testarossa. **[macchina]**

3. Tutti erano elegantissimi tranne Marisa che si è presentata con il suo solito _____ scolorito e ha fatto una pessima figura. **[vestito]**

4. "Non uscire con questo _____! Piove a dirotto e fa un freddo cane." **[tempo]**

5. "Com'è la bambina di Maria Luisa?" "È deliziosa. Ha i capelli rossi, le lentiggini e il _____ all'insù." **[naso]**

6. Mario risponde male ai genitori e agli insegnanti e frequenta cattive compagnie. È veramente un _____ incorreggibile. **[ragazzo]**

7. Poiché il loro appartamento in centro era in una zona troppo rumorosa e trafficata, Anna e Luciano hanno comprato una _____ molto carina in campagna. **[casa]**

8. Quando arrivi al semaforo, gira a destra e vedrai una _____ stretta che porta alla chiesa del paese. **[strada]**

B.3 Scrivete delle frasi adoperando le seguenti espressioni idiomatiche e tempi verbali diversi.

Esempio dal testo:

di seguito "Per molte sere **di seguito** gli lesse le parolacce del quaderno [...]." **(RIGHE 42-43)**

avere il vizio di **(RIGA 1)** _____

nel bel mezzo di **(RIGA 14)** _____

non poterne più **(RIGA 20)** _____

non servire a niente **(RIGA 38)** _____

andare avanti **(RIGA 44)** _____

C   *Occhio alla grammatica!*

C.1 Leggete le seguenti frasi e indicate a che cosa si riferiscono nel testo gli elementi in neretto.

Esempio dal testo:

"**Le** diceva a tavola mentre mangiava [...]." **(RIGHE 1-2)** *le parolacce*

1. oppure **ne** metteva **una** tra Cavour e Napoleone **(RIGA 13)** _____

2. la mamma di Ottorino non **ne** poteva più **(RIGA 20)** _____

3. siccome nella bocca di Ottorino si formavano tante parole sporche, decise di lavar**la** **(RIGHE 23-25)** _____

4. **gli** riempì tutta la bocca con la schiuma **(RIGHE 25-26)** _____

5. **lo** supplicava la madre disperata **(RIGHE 32-33)** _____

6. provò a raccontar**gli** delle favole [...] ma Ottorino si divertiva e continuava a tacere **(RIGHE 38-40)** _____

C.2 *Ottorino, che ragazzaccio!* Ottorino, dicendo sempre le parolacce, si metteva costantemente nei guai. Ecco un brano che descrive un altro episodio di Ottorino. Completatelo con l'IMPERFETTO, il PASSATO PROSSIMO o il TRAPASSATO PROSSIMO a seconda del caso.

L'altro ieri mentre Ottorino _____ [1-giocare] con i suoi compagni,

lui _____ [2-dire] una parolaccia ed _____ [3-scappare]

via. I compagni _____ [4-rimanere] molto male perché non

_____ [5-capire] il motivo del suo comportamento. L'indomani uno

dei suoi compagni _____ [6-raccontare] al maestro tutto ciò che

_____ [7-succedere] nel cortile della scuola il giorno prima.

L'insegnante _____ [8-essere] molto dispiaciuto e quando Ottorino

_____ [9-arrivare] a scuola, il maestro lo _____

[10-chiamare]. Mentre il maestro _____ [11-parlare] con Ottorino,

_____ [12-entrare] il preside, il quale _____

[13-decidere] di punire Ottorino con una sospensione di cinque giorni. Non

appena _____ [14-sentire] questo, Ottorino _____

[15-gridare]: "Porco cane! Come lo dico a mia madre?" ed _____

[16-fuggire] al parco perché _____ [17-avere] paura di tornare a casa.

D   *Parliamone un po'!*

Ottorino era un bambino buono e studioso. Allora, perché secondo te diceva tante parolacce? Anche tu e i tuoi amici da ragazzi facevate qualcosa per fare effetto sui vostri coetanei? Che cosa?

E *Occhio alla scrittura!*

Scrivi un tema di circa 200 parole sul seguente argomento:

Ottorino aveva il vizio di dire le parolacce. E tu? Quando eri piccolo, avevi qualche brutta abitudine (mangiarsi le unghie, picchiare gli altri bambini, dire bugie, ecc.)? Come ti punivano i tuoi genitori? Era efficace la punizione? Racconta un episodio che ti ricordi in modo particolare. Ricorda di consultare l'*Appendice delle espressioni per la composizione* che aiutano a scrivere un componimento più scorrevole.

_____

_____

_____

_____

_____

_____

_____

_____

_____

_____

_____

_____

_____

_____

_____

_____

_____

_____

_____

_____

Topolicchio
di Luigi Malerba

A   📖 *Prima di leggere . . .*

A.1   **Abbinate le parole nella colonna A con i loro contrari nella colonna B.**

A	B
1. campagnolo	a) parlare
2. finto	b) guarire
3. piccante	c) dimenticarsi di
4. mettersi a	d) parlare sottovoce
5. tacere	e) attento
6. strillare	f) cittadino
7. distratto	g) smettere di
8. seguente	h) dolce
9. ammalarsi	i) vero
10. ricordarsi di	l) precedente

A.2 Incontrerete i seguenti verbi leggendo *Topolicchio*. Cercate di trovare i sostantivi che corrispondono ai verbi elencati ricordando che non sempre le terminazioni sono prevedibili.

Esempio:

strillare/strillo: Quando mia madre ha visto il topo uscire da sotto il frigorifero, si è messa a **strillare** come una pazza. I suoi **strilli** si sentivano dalla strada.

1. trasferirsi: *Trasferirsi* in una nuova città non è mai facile per i ragazzi. Infatti il _____ della sua famiglia da Lodi a Milano è stato la causa di molti problemi per mio nipote Giorgio.

2. discutere: "Amici, *discutere* in questa maniera non è civile. Le _____ non risolvono mai niente, anzi, peggiorano la situazione."

3. convenire: *Conviene* comprare il latte di questa fattoria locale. È economico e di ottima qualità. C'è sempre più _____ quando si comprano prodotti locali.

4. confessare: Il colpevole *ha finalmente confessato*. Grazie alla sua _____, un uomo innocente è stato liberato.

5. spiegare: "Papà, puoi *spiegarmi* questo problema di matematica? La _____ che oggi la nostra insegnante ci ha dato in classe non era molto chiara."

6. rimproverare: Mia zia è molto severa con i suoi figli; li *rimprovera* e li punisce spesso. Purtroppo loro non ascoltano i suoi _____ e continuano a disobbedire.

7. raccontare: Quando eravamo piccoli, nostro nonno ci *raccontava* sempre episodi divertenti della sua infanzia. Ci piaceva tantissimo ascoltare i suoi _____.

8. temere: Sono una madre molto apprensiva. *Temo* sempre che possa succedere qualcosa ai miei figli, ma so che i miei _____ sono spesso ingiustificati.

9. distrarre: Il cellulare non è consentito in classe perché *distrae* gli studenti e disturba l'insegnante. I ragazzi di oggi hanno davvero troppe _____!

10. colpire: "Pierino, ma è vero che *hai colpito* il tuo compagno di banco con un libro?" "Sì mamma, ma gli ho dato solo un leggero _____ sulla spalla."

A.3 Completate il seguente brano con i vocaboli appropriati.

ammaccato	*rannicchiato*	*una fogna*	*un fazzoletto*
acchiappare	*una pomata*	*trambusto*	*pronto soccorso*

Ieri pomeriggio Gabriele è caduto dalle scale mentre usciva dal suo

appartamento. Ha provato un dolore fortissimo al ginocchio destro e, quando

ha visto che c'era una ferita piuttosto profonda che sanguinava, ha gridato:

"Aiuto!". Immediatamente i suoi compagni di stanza e altri studenti sono accorsi

e hanno cercato di tamponare la ferita con _____ [1] pulito e

di disinfettarla con _____ [2] antibiotica. Per fortuna il

ginocchio sinistro non sanguinava, ma era solo un po' _____ [3].

Gli amici erano preoccupati per Gabriele e così hanno deciso di portarlo al

_____ [4]. Purtroppo, in mezzo a tutto quel

_____ [5], a Gabriele è sfuggito di mano il telefonino che,

nonostante lui abbia cercato di _____ [6] al volo, è caduto in

_____ [7] situata vicino al marciapiede. Oggi Gabriele ha

passato tutta la giornata a casa _____ [8] sul divano bevendo

cocacola e mangiando cioccolatini per dimenticare la brutta avventura. Povero

Gabriele!

Topolicchio

Una famiglia di topi campagnoli si era trasferita da poco in una ricca casa di città. Il padre era sempre stato contrario a lasciare la campagna, ma da quando aveva assaggiato il formaggio parmigiano non aveva saputo resistere alla

5 tentazione della vita cittadina. Per i suoi gusti il **pecorino**° che trovava nelle case dei contadini era troppo forte troppo piccante e gli dava l'acidità di stomaco. Temeva che gli venisse l'ulcera come a suo nonno. Il **parmigiano**° sì che è un formaggio da signori. Ma la vita nella casa dei ricchi di città

10 aveva anche lei i suoi inconvenienti, soprattutto non c'erano buchi nei muri e era difficile trovare un nascondiglio, perciò bisognava stare sempre all'erta per non cadere sotto le unghie dei gatti o sotto gli occhi della donna di servizio che quando vedeva un topo si metteva a strillare come una sirena.

15 Topolicchio, figlio unico e piuttosto viziato, era la dannazione dei genitori. Topo distratto lo mangia il gatto, gli ripeteva la topa madre tutte le mattine mentre gli lavava gli occhi e gli spolverava le orecchie. Fra tutte le distrazioni di Topolicchio quella che faceva andare in bestia i topi genitori

20 era che spesso, quando si nascondeva sotto un mobile, dimenticava fuori la coda. Un giorno o l'altro tornerai a casa senza coda, gli dicevano.

Una mattina Topolicchio si era nascosto nella cucina sotto il frigorifero e come al solito aveva dimenticato fuori la coda,

25 arricciata sul pavimento di mattonelle come una virgola. I padroni di casa se ne erano accorti e si erano messi a discutere se era meglio andare a chiamare il gatto, se dargli un colpo con lo spazzolone o se conveniva acchiapparla con le pinze e tirar fuori il topo. Discutevano a voce alta, ma Topolicchio era

30 distratto come sempre e non si era reso conto che l'oggetto della discussione era proprio la sua coda. Quando se ne accorse la tirò dentro in fretta e rimase rannicchiato sotto il frigorifero per due o tre ore senza tirare il fiato, tremante di paura.

formaggio dal sapone forte fatto in campagna con il latte di pecora.

formaggio pregiato e più costoso del pecorino.

35 La sera quando ritornò a casa Topolicchio tremava ancora e finì per confessare alla rnadre il brutto rischio che aveva corso là sotto il frigorifero. La madre ricominciò da capo con le raccomandazioni, gli parlò sopratutto dei gatti e degli uomini e del pericolo che rappresentano per i topi sia gli uni 40 che gli altri. Ma mentre gli uomini almeno sono utili perché fanno il formaggio, i gatti invece mangiano sia i topi che il formaggio. Gli uomini i topi non li mangiano, ma allevano i gatti perché li mangino loro.

Mentre la madre parlava, Topolicchio si era distratto 45 ancora una volta e non aveva ben capito se sono i gatti o gli uomini che fanno il formaggio, se gli uomini mangiano i topi o il formaggio, se sono gli uomini che allevano i gatti o i gatti che allevano gli uomini. Così, con tutta quella confusione in testa Topolicchio finì per dimenticare proprio la 50 raccomandazione più importante che riguardava la sua coda.

Una mattina Topolicchio camminava dietro un armadio in cerca di qualcosa da rosicchiare. Trovò un turacciolo che aveva un buon odore di olio d'oliva e lo rosicchiò tutto intorno in un batter d'occhio. Ma aveva ancora fame e decise 55 di avventurarsi in cucina sotto un mobiletto dal quale veniva un buon odore di formaggio parmigiano. Fece una corsetta e si rannicchiò là sotto per studiare il modo migliore di raggiungere il formaggio. Stava tutto concentrato nei suoi pensieri strategici quando sentì alle sue spalle un colpo 60 improvviso e un dolore acuto in fondo alla spina dorsale, proprio in fondo in fondo e cioè nella coda. Poi un trambusto di voci e di strilli. Tirò dentro la coda a fatica e se la prese fra le zampette: aveva sulla metà una grossa ammaccatura e già si stava gonfiando. Si fece un massaggio con lo sputo perché sua 65 madre una volta gli aveva spiegato che lo sputo è meglio delle migliori pomate.

Quando ritornò a casa con la coda ammaccata la madre lo rimproverò ancora, poi gliela avvolse con una ragnatela che teneva sempre nell'armadietto del pronto soccorso. Mentre gli

70 faceva la fasciatura gli raccontò di un loro lontano parente che aveva perso la coda in una trappola e che aveva dovuto mettersene una finta. Ma insieme alla coda aveva perso la fidanzata e non era riuscito più a trovare una moglie.

Topolicchio rimase in silenzio a ascoltare la madre e la
75 notte seguente fece un sogno orribile. Un gatto nero gli mangiava la coda, la fidanzata lo abbandonava, gli amici lo deridevano e lui andava a nascondersi nelle fogne per la vergogna.

Per una settimana Topolicchio continuò a fare impacchi di
80 aceto sulla coda ammaccata. Quando fu guarito e ricominciò a andare in giro a caccia di cibo, decise che d'ora in avanti sarebbe stato attento attentissimo a nascondere la coda, ma sapeva che dalla distrazione non si guarisce da un giorno all'altro. Si ricordò allora che i contadini quando temono di
85 dimenticare qualcosa si fanno **un nodo nel fazzoletto°**. Da quel giorno, ogni mattina dopo essersi lavato gli occhi e spolverato le orecchie, prima di partire per i suoi giri alla ricerca di cibo, Topolicchio si faceva un nodo in fondo alla coda per ricordarsi che quando si nascondeva lui doveva
90 ricordarsi di nascondere anche lei.

modo tradizionale per ricordarsi di fare qualcosa

◆ ◆ ◆

B   *Dopo aver letto . . .*

B.1   Comprensione di base. Completate le seguenti frasi nel modo appropriato. Può esserci anche più di una risposta corretta.

1. Il padre di Topolicchio ha deciso di trasferirsi in città perché. . .
   a) adorava il parmigiano che si trova in città.
   b) aveva l'ulcera e in città poteva curarsi meglio.
   c) ci abitava suo nonno.
   d) il pecorino di campagna gli dava fastidio allo stomaco.

2. Topolicchio. . .
   a) era il più viziato dei suoi fratelli.
   b) si comportava sempre con disattenzione.
   c) non nascondeva la sua coda.
   d) andava spesso in bestia.

3. Una mattina. . .
   a) Topolicchio era sul pavimento vicino al frigorifero.
   b) la coda di Topolicchio usciva fuori dal frigorifero.
   c) Topolicchio ha lasciato fuori la coda ma i padroni non l'hanno vista.
   d) i padroni hanno visto la coda ma Topolocchio l'ha ritirata.

4. La mamma ha detto a Topolicchio che. . .
   a) gli uomini allevano i topi e i gatti.
   b) sia gli uomini che i gatti sono pericolosi.
   c) gli uomini fanno il formaggio.
   d) i topi sono utili agli uomini.

5. Topolicchio. . .
   a) dimentica la raccomandazione della mamma.
   b) non capisce bene chi fa il formaggio.
   c) ricorda di nascondere la coda.
   d) ascolta senza distrarsi.

6. Una mattina Topolicchio. . .
   a) rosicchiò il parmigiano.
   b) cercava l'olio d'oliva.
   c) sentì gli strilli di sua madre.
   d) si fece male alla coda.

7. La madre disse a Topolicchio che. . .
   a) avrebbe dovuto trovarsi una fidanzata.
   b) lo sputo è una buona medicina.
   c) nell'armadietto c'erano troppe ragnatele.
   d) avevano un parente con la coda artificiale.

8. Topolicchio. . .
   a) sognò un brutto gatto nero.
   b) aveva un nodo nel fazzoletto.
   c) cominciò a farsi un nodo alla coda.
   d) guarí istantaneamente dalla distrazione.

CURIOSITÀ LINGUISTICA

Alcune caratteristiche umane sono associate ad animali. Ad esempio, una persona che passa tutta la giornata a leggere o a studiare si definisce "un topo di biblioteca". Non sempre queste metafore o similitudini corrispondono a quelle in inglese o in altre lingue. In italiano una persona è "sana come un pesce" mentre in inglese la stessa idea si rende con "healthy as a horse".

B.2   Associate agli animali le caratteristiche appropriate espresse dalle parole in corsivo, facendo i cambiamenti necessari.

asociale - brutto - pauroso/codardo - lento - testardo - losco/ambiguo
sporco - sciocco/stupido - propenso al flirt - cieco/miope
malvagio/cattivo - sano - furbo

 1. una volpe

 2. un'oca

 3. un pesce

 4. un rospo

 5. un verme

 6. una lumaca

 7. un mulo

 8. una vipera

 9. un orso

 10. un coniglio

 11. una talpa

 12. una civetta

 13. un porco/un maiale

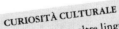

CURIOSITÀ CULTURALE

In italiano, come in tante altre lingue, alcune caratteristiche umane vengono associate ad animali particolari sia per l'aspetto fisico che per il comportamento. Tenete presente che oca, vipera e civetta si riferiscono solo a donne! ☹

B.3 **Adesso completate le seguenti frasi con i nomi degli animali elencati nell'esercizio precedente. Inserite l'articolo quando necessario.**

1. Mio padre non viene mai alle riunioni familiari perché preferisce stare solo

in casa. È un vero _____.

2. Non riuscirai a convincerlo. È testardo come _____.

3. Hai visto il fidanzato di Giuliana? È simpatico, ma è brutto come

_____!

4. Non hai ancora finito quel compito? Ma possibile? Sei proprio

_____!

5. Che _____ è Veronica! Incomincia a flirtare con tutti i ragazzi

che incontra.

6. Mettiti gli occhiali! Lo sai anche tu che senza non ci vedi. Sei una vera

_____!

B.4 Ci sono molti verbi che, come "rosicchiare", finiscono in – *chiare* e che indicano azioni compiute in modo più superficiale rispetto ai corrispondenti verbi di base (*mangiare/mangiucchiare*). Provate ad assegnare la connotazione appropriata alle seguenti frasi come nell'esempio dal testo, ricordando di fare i cambiamenti necessari.

Esempio dal testo:

"[…] Topolicchio camminava dietro un armadio in cerca di qualcosa da
_____." (RIGHE 51-52) (***rosicchiare****/rodere*).

cantare/canticchiare	*ridere/ridacchiare*	*mangiare/mangiucchiare*
leggere/leggiucchiare	*baciare/sbaciucchiare*	*bruciare/bruciacchiare*
rubare/rubacchiare	*lavorare/lavoricchiare*	*scrivere/scribacchiare*

1. Mia madre vuole che io _____ cibi nutrienti a colazione, pranzo e cena, ma le dà fastidio quando _____ merendine e caramelle tra un pasto e l'altro.

2. "Aiuto! Non sono pronto per l'esame! Non ho avuto tempo di _____ il quarto capitolo del libro. E tu?" "Nemmeno io sono molto preparata. Ieri sera _____ solo le prime pagine qua e là."

3. Mia sorella ha una bellissima voce e _____ nel coro della sua scuola. Io invece sono stonata come una campana, ma mi diverto a _____ canzoncine allegre quando sono sotto la doccia.

4. La maestra di Massimiliano è molto spiritosa e quando racconta barzellette, i suoi alunni _____ di cuore. Ieri, però si è arrabbiata e ha punito Massimiliano e il suo compagno di banco perché _____ durante la lezione di educazione sessuale.

5. Olivia ha solo quindici anni e sua madre non le permette ancora di uscire con i ragazzi, tantomeno di _____ li. Ciononostante, lei e Carlo si incontrano nel pomeriggio e _____ *(forma reciproca)* di nascosto dietro il muro della scuola.

6. Mario e i suoi amici si sono laureati l'anno scorso, ma mentre Aldo e Fabrizio _____ a tempo pieno già da molti mesi, il povero Mario non è riuscito a trovare un posto fisso. _____ sporadicamente per varie ditte senza la prospettiva di un lavoro stabile.

B.5 **In altre parole. Completate le seguenti frasi con l'espressione giusta, facendo i cambiamenti necessari.**

stare all'erta   andare in bestia   in un batter d'occhio   fare un brutto sogno

1. Quando Francesca rientra tardi la sera, suo padre, un tipo autoritario, _____. Strilla così forte che anche i vicini di casa lo sentono.

2. Il quiz era talmente facile che gli studenti lo hanno finito _____.

3. La notte scorsa il mio fratellino si è svegliato di soprassalto tutto sudato e piangendo perché _____.

4. Quella è una strada pericolosissima e piena di curve. Bisogna andare piano, _____ e soprattutto non parlare al cellulare!

C *Occhio alla grammatica!*

C.1 **Collegate gli elementi appropriati secondo l'esempio e poi riscrivete le frasi utilizzando i pronomi oggetto indiretto e il verbo DARE.**

Esempio:

Al padre di Topolicchio / il pecorino / l'acidità. *Il pecorino **gli** dà l'acidità.*

1. *Agli anziani* / l'umidità / l'artrite

_____

2. *A me* / un balcone troppo alto / le vertigini

_____

3. *Ai ragazzi* / troppo alcol / il mal di testa

_____

4. *A Marilena* / l'odore del caffè / la nausea

_____

5. *A me e a mio fratello* / il polline / l'allergia

_____

6. *A te e a Lucia* / le correnti d'aria / il torcicollo

_____

C.2 **Riscrivete le seguenti frasi sostituendo le parole in corsivo con il pronome oggetto indiretto appropriato. Ricordate che in italiano invece del possessivo si può usare semplicemente il pronome oggetto indiretto quando l'appartenenza è ovvia.**

Esempio dal testo:

"Topo distratto lo mangia il gatto, gli ripeteva la topa madre […] mentre *gli* lavava gli occhi e *gli* spolverava le orecchie." (RIGHE 16-18)

La mamma lavava *a Topolicchio* gli occhi e spolverava *a Topolicchio* le orecchie.

1. Ho asciugato le mani *a Mirellina*.

   _____.

2. Abbiamo lavato la macchina *al papà*.

   _____.

3. La donna delle pulizie ha fatto i letti *ai bambini*.

   _____.

4. Il parrucchiere ha tagliato i capelli *a me e a Carla*.

   _____.

5. La mamma ha preparato il pranzo *a te e a Maria*.

   _____.

6. L'assistente ha fatto il caffè *alla direttrice*.

   _____.

D *Parliamone un po'!*

La vita degli adolescenti è divertente ma non priva di stress! Chiedi a un compagno di classe...

(1) ...se andava sempre d'accordo con i genitori o se litigava a causa di soldi, musica, modo di vestirsi, libertà, ecc. . .

(2) ...in quali occasioni i genitori lo/la rimproveravano.

(3) ...se aveva un'ora di rientrata e come si comportavano i genitori se rientrava tardi.

(4) ...che punizione riceveva quando disobbediva ai genitori.

(5) ...come reagiva ai rimproveri dei genitori. Era arrogante o rispettoso nei confronti dei genitori? S'arrabbiava? Rispondeva male? Chiedeva scusa? Si metteva a piangere? Correva in camera? Protestava?

E   *Occhio alla scrittura!*

Scrivi un tema di circa 200 parole sul seguente argomento:

Secondo te, i genitori di Topolicchio sono troppo apprensivi o abbastanza ragionevoli nei suoi confronti? E i tuoi com'erano con te quando eri piccolo? Fa' riferimento a un episodio che ti è rimasto impresso in modo particolare. Ricorda di consultare l'appendice delle espressioni per la composizione che aiutano a scrivere un componimento più scorrevole.

_____

_____

_____

_____

_____

_____

_____

_____

_____

_____

_____

_____

_____

_____

_____

_____

_____

_____

_____

_____

Breve curriculum vitae
di
Natalia Ginzburg

- **Data di nascita:** 14 luglio 1916

- **Data di morte:** 7 ottobre 1991

- **Luogo di nascita:** Palermo (Sicilia)

- **Forse non sapevi che.** . . è cresciuta a Torino ed era figlia di un famoso scienziato d'origine ebraica; i suoi fratelli e suo marito, Leone Ginzburg, erano tutti antifascisti e furono imprigionati dal regime.

- **Profilo letterario:** A soli 17 anni scrisse i suoi primi racconti apparsi sulla rivista *Solaria*. I suoi scritti sono spesso autobiografici e contengono elementi umoristici anche quando prevale una vena malinconica.

- **Top 5 della sua carriera:** *È stato così (1947); Le voci della sera (1961); Le piccole virtù (1962); Lessico famigliare (1963); Caro Michele (1973).*

◆ ◆ ◆

- **Se vuoi saperne di più.** . .

1. Trova sulla cartina dell'Italia (a pagina 2) la città di Torino. In quale regione si trova? Perché è importante?

2. Con l'aiuto di Internet, trova alcune informazioni sul periodo che Natalia e Leone Ginzburg hanno passato in confino con i loro figli. Che cos'è il "confino" e perché tanti intellettuali vi erano mandati durante il fascismo?

3. Sempre servendoti di Internet, trova qualche altra informazione interessante su Natalia Ginzburg da condividere con i tuoi compagni.

A   📖 *Prima di leggere . . .*

A.1   Servendovi del seguente elenco, completate gli spazi scegliendo aggettivi di significato affine a quelli che troverete nel testo.

laconico	fragile	leale	sedotto	fiducioso
maldicente	tedioso	speranzoso	devoto	scettico
ficcanaso	prevalente	debole	conquistato	barboso
terrorizzato	taciturno	principale	scoraggiato	intimorito

Esempio dal testo:

travolgente   *bellissimo*   -   *grazioso*

1. spaventato   _____ - _____

2. pettegolo   _____ - _____

3. delicato   _____ - _____

4. ottimista   _____ - _____

5. pessimista   _____ - _____

6. stregato   _____ - _____

7. noioso   _____ - _____

8. silenzioso   _____ - _____

9. fedele   _____ - _____

10. dominante   _____ - _____

A.2 Completate il seguente dialogo con le espressioni corrette.

mammone	*allucinato*	*essere in guerra*
un'oca	*finché*	*fiatare*
sbattere	*guai*	*secca*

Giuliana: Senti Pietro, sono proprio stufa di questa situazione con tua madre. Dai retta solo a lei e non prendi mai in considerazione le mie opinioni. Pensi forse che io sia _____[1]?

Pietro: Ma non dire così! So bene che sei una donna molto intelligente. D'altra parte devi anche cercare di capire la mia situazione. Quando mia madre viene da noi, non la posso mica _____[2] fuori di casa?

Giuliana: Non dico questo. Vorrei solo che fossi più autonomo, e invece non fai mai niente senza prima consultarti con lei. Se avessi saputo che eri così_____[3] non ti avrei sposato!

Pietro: Non essere tanto polemica, ti prego! Detesto _____[4] con te!

Giuliana: Neanche a me piace litigare, ma questo tuo atteggiamento quasi infantile mi _____[5] moltissimo. _____[6] eri celibe e vivevi con i tuoi genitori si poteva anche tollerare, ma adesso che sei sposato è inammissibile.

Pietro: Cerca di capirmi Giuliana. Mia madre ha un carattere molto forte e quando lei alza la voce io non riesco nemmeno a _____[7]. Resto muto e _____[8].

Giuliana: Povera me! Come farò con una suocera così? Spero di non essermi messa nei_____[9] sposandoti.

Ti ho sposato per allegria

PIETRO   Ho invitato a pranzo mia madre e mia sorella per
              domani.

GIULIANA   Ma tua madre non aveva detto che non avrebbe
              mai messo piede in questa casa?

5 PIETRO   L'aveva detto. Io però l'ho convinta a venire,
              domani, a pranzo. Dopo il funerale di Lamberto
              Genova, l'ho accompagnata a casa, e l'ho convinta.
              S'è lasciata convincere.

GIULIANA   Sei contento?

10 PIETRO   Sono contento, perché mi seccava essere in guerra
              con mia madre. Preferisco essere in pace, se la cosa
              è possibile.

GIULIANA   Sei mammone, tu?

PIETRO   Non sono mammone. Invece noi per adesso non
15   ci andiamo a casa di mia madre, perché lì c'è la zia
              Filippa, che è furiosa contro di me. La zia Filippa è
              cattolica. È cattolica ancor piú di mia madre. Voleva
              che io facessi un matrimonio cattolico, e che
              venissero molti cardinali. Invece le hanno detto che
20   mi sposavo con una ragazza, che avevo conosciuto
              a una festa, e che a questa festa ballava, ubriaca, coi
              sandali in mano, con tutti i capelli sugli occhi.
              Gliel'ha detto mia cugina. E alla zia Filippa per
              poco non le è venuto **un colpo°**.

un attacco cardiaco o cerebrale

25 GIULIANA   Tua cugina? quella coi calzoni arancione?

PIETRO   Sì.

GIULIANA   Trovo che hai un po' troppi parenti.

PIETRO   Perciò la zia Filippa non ha voluto nemmeno
              guardare la tua fotografia. Mia madre sì, un
30   momento, l'ha guardata.

GIULIANA   Quale fotografia? quella dove ho l'impermeabile?

PIETRO   Sì.

GIULIANA   Non è una bella fotografia. Sembro uscita dal carcere. E cos'ha detto, della mia fotografia, tua
35   madre?

PIETRO   Niente. Ha sospirato. Ha detto che eri graziosa.

GIULIANA   Sospirando?

PIETRO   Sospirando.

GIULIANA   Soltanto graziosa?

40   PIETRO   Perché, come pensi di essere, tu? Bellissima? travolgente?

GIULIANA   Sì. Travolgente.

PIETRO   Io però non mi sento travolto.

GIULIANA   Tu non ti senti travolto?

45   PIETRO   No.

GIULIANA   Eppure ti ho travolto!

PIETRO   Mia madre non ti piacerà. E tu non piacerai a lei. Niente le piacerà di questa casa. Disapproverà tutto. Nemmeno Vittoria le piacerà.

50   GIULIANA   Perché non le deve piacere nemmeno Vittoria?

PIETRO   Ha delle donne di servizio di un altro tipo. Donne vecchie, silenziose, fedeli, con le pantofole, coi piedi piatti.

GIULIANA   Per questo i piedi piatti ce li ha anche Vittoria.

55   PIETRO   Niente le piacerà di questa casa, ti dico. Niente.

GIULIANA   E allora se io non piacerò a lei, e se lei non piacerà a me, e se in questa casa niente le piacerà, perché la fai venire qui?

PIETRO   Perché è mia madre.

60   [...]

GIULIANA   Tua madre pensa che ti ho sposato per i soldi?

PIETRO   Pensa che mi hai sposato per i soldi. Pensa che sei una specie di tigre. Pensa che hai avuto un mucchio di amanti. Pensa tutto, e la mattina si
65   sveglia, e piange. Perciò le ho detto di venire qui a pranzo, così almeno ti vedrà in faccia, e non le

piacerai, ma sarà spaventata di una persona,
invece di essere spaventata d'un'ombra.

GIULIANA Peccato.

70 PIETRO Peccato cosa?

GIULIANA Peccato che non ho avuto tutti questi amanti, che
pensa tua madre.

PIETRO Sei sempre in tempo.

GIULIANA Sono sempre in tempo? Posso avere ancora un po'
75 di amanti, pur essendo tua moglie?

PIETRO Neanche per sogno, finché sei mia moglie. Però è
sempre possibile divorziare.

GIULIANA In Italia non c'è il divorzio.

PIETRO All'estero.

80 GIULIANA Ah già, all'estero. *(Silenzio)*.
Mi hai appena sposata, e
già pensi a divorziare?

PIETRO Non penso a divorziare.
Dicevo per dire. Nel
85 caso che tu voglia avere
ancora un po' di amanti.

[...]

GIULIANA Meno male che hai un po' di soldi, così almeno
potremo andare all'estero a divorziare!

90 PIETRO Meno male.

GIULIANA Allora cosa devo fare da pranzo a tua madre?

PIETRO Non so. Brodo. Pollo lesso. Mia madre è delicata
di stomaco. Ha l'ulcera gastrica.

GIULIANA Va bene il brodo, per l'ulcera gastrica? è molto
95 vecchia, tua madre?

PIETRO Vecchia, sì.

GIULIANA Su per giù, quanti anni ha?

CURIOSITÀ

Natalia Ginzburg ha scritto *Ti ho sposato per allegria* nel 1965, quando in Italia non era possibile divorziare. Le persone ricche e famose, soprattutto quelle appartenenti al mondo dello spettacolo, andavano a divorziare e a risposarsi all'estero. Nel 1970 il Parlamento italiano ha approvato una legge che permetteva di divorziare dopo 5 anni di separazione legale. Dal 1987, grazie a una modifica di questa legge, è possibile divorziare dopo 3 anni di separazione.

PIETRO   Non si sa. Non lo sa nessuno. Si è falsificata la
          data di nascita sul passaporto. L'ha cancellata con **la**
100   **scolorina°**, e l'ha riscritta. Pare che si sia tolta una
          decina d'anni.

prodotto usato per cancellare

GIULIANA   E a te chi te l'ha detto?

PIETRO   Me l'ha detto mia sorella.

GIULIANA   L'ha vista, tua sorella, mentre era lì con la
105   scolorina?

PIETRO   No. Gliel'ha detto la zia Filippa.

GIULIANA   Questa zia Filippa è una bella pettegola. Non
          potreste sbatterla fuori dai piedi?

PIETRO   No, perché è paralitica, e gira su una sedia a
110   rotelle.

GIULIANA   Forse anch'io mi cancellerò la data di nascita con
          la scolorina, quando sarò vecchia, sul mio passaporto.
          Però non ce l'ho il passaporto, non l'ho mai avuto,
          ho solo la tessera postale. Il passaporto devo
115   farmelo fare, sennò come potrò andare all'estero,
          quando vorremo divorziare?

PIETRO   Già.

[…]

GIULIANA   […] Allora, per tua madre, pollo lesso?

120 PIETRO   Pollo lesso.

GIULIANA   Vittoria! Accidenti, non risponde, dev'essere alla
          finestra che chiacchiera con la ragazza del piano di
          sopra.

PIETRO   Cosa le vuoi dire?

125 GIULIANA   Che domani viene a pranzo tua madre.

PIETRO   E mia sorella.

GIULIANA   E tua sorella. Questa tua sorella com'è?

PIETRO   Mia sorella è un'oca assoluta.

GIULIANA   Le piacerò?

130 PIETRO   Le piacerai moltissimo.

GIULIANA   Perché è un'oca? Mi trovi fatta per piacere alle oche?

PIETRO   Non perché è un'oca. Perché è sempre contenta di tutto. È un temperamento ottimista.

GIULIANA   E tua madre invece è pessimista. È una che vede
135   guai dappertutto. Drammatizza. È così anche la mia amica Elena, e anche mia madre. È molto pessimista anche mia madre. Io invece sto bene con gli ottimisti, con quelli che sdrammatizzano. Stavo così bene con Topazia, perché sdrammatizzava.

140 PIETRO   E con me stai bene?

GIULIANA   Con te?

PIETRO   Sì?

GIULIANA   Ancora non lo so. Ancora non ho capito bene come sei.

145 PIETRO   E io invece ti ho capita subito, appena ti ho vista.

GIULIANA   Subito? appena mi hai vista? A quella festa, su quelle scalette?

PIETRO   Non proprio subito, appena ti ho visto entrare.
150   Dopo un poco.

GIULIANA   Forse quando ballavo, ubriaca, senza le scarpe? Hai capito che ero una, che ti andava benissimo a te?

PIETRO   Sì.

GIULIANA   Che bello.

155 PIETRO   E vuoi sapere una cosa?

GIULIANA   Cosa?

PIETRO   Non mi hai mai fatto nessuna pietà. Nessuna. Nemmeno un istante.

GIULIANA   No?

160 PIETRO   No.

GIULIANA   […] E perché mi hai sposato, se non mi hai sposato per pietà?

PIETRO   Ti ho sposato per allegria. Non lo sai, che ti ho sposato per allegria? Ma sì. Lo sai benissimo.

165	GIULIANA	Mi hai sposato perché ti divertivi con me, e invece ti annoiavi con tua madre, tua sorella, e la zia Filippa?
	PIETRO	Mi annoiavo a morte.
	GIULIANA	Lo credo, povero Pietro!
170	PIETRO	Adesso sei tu che hai pietà di me?
	GIULIANA	Però non è che dovevi stare sempre con loro? andavi in giro, viaggiavi, avevi ragazze?
	PIETRO	Certo. Viaggiavo, andavo in giro, e avevo ragazze.
175	GIULIANA	Ragazze noiose?
	PIETRO	Ragazze.
	GIULIANA	E io? io perché ti ho sposato?
	PIETRO	Per i soldi?
	GIULIANA	*Anche* per i soldi.
180	PIETRO	Credo che uno si sposa sempre per una ragione sola. Gli *anche* non hanno nessun valore reale. C'è una ragione sola, dominante, ed è quella che importa.
		[...]
185	GIULIANA	Se ti faccio ridere, vuol dire che non ti senti **stregato**°. Vuol dire che neanche tu, con me, ti senti stregato. Come neanch'io con te. Quando amavo Manolo, io non ridevo, non ridevo mai. Non ridevo, non parlavo, non fiatavo più. Ero
190		ferma come una statua. Ero allucinata. Stregata. Sai cosa voglio dire?
	PIETRO	Sì
	GIULIANA	Perché, sei stato stregato anche tu, qualche volta?
195	PIETRO	Qualche volta. E non mi piaceva. Non avrei mai sposato una donna, che m'avesse stregato. Voglio vivere con una donna che mi metta allegria.

sotto l'effetto di un incantesimo

B *Dopo aver letto . . .*

B.1 Comprensione di base. Rispondete alle seguenti domande con frasi complete.

1. Come mai la mamma di Pietro aveva detto che non avrebbe mai messo piede a casa del figlio e di Giuliana?

_____

_____

2. Che tipo è la zia Filippa e che opinione ha di Giuliana?

_____

_____

3. Secondo Pietro, sua madre che pensa di Giuliana?

_____

_____

4. Pietro sa quanti anni ha sua madre? Come mai?

_____

_____

5. Che tipo è la sorella di Pietro e quali sono i vantaggi del suo carattere?

_____

_____

6. Che cos'hanno in comune la mamma di Pietro e quella di Giuliana?

_____

_____

7. In quali condizioni era Giuliana quando Pietro l'ha vista per la prima volta e cos'ha capito lui?

_____

_____

8. Com'erano le situazioni familiari e sentimentali di Pietro e Giuliana prima del matrimonio? E quali sono le ragioni per cui hanno deciso di sposarsi?

_____

_____

B.2 Completate le frasi con le espressioni corrette facendo i cambiamenti necessari.

pur essendo	*un mucchio di*	*mettere mai / mai più piede*
ancora più	*neanche per sogno*	*dire per dire*
su per giù	*per poco*	*meno male*

1. Gina ed io abbiamo fatto una litigata feroce ieri sera e lei m'ha detto delle cose davvero imperdonabili. Ti giuro che non _____ piede in casa sua!

2. Rita è una bellissima ragazza, ma sua madre, alla sua età, era _____ bella; era una donna veramente travolgente in ogni senso della parola.

3. "Cosa intendevi quando hai detto che mia sorella è un'oca che non capisce un'acca?" "Non te la prendere! Non volevo dire niente di male; lo _____!"

4. "_____ un giovane sensibile e premuroso, Gianluca non ha fortuna con le ragazze. Chissà perché?" "Te lo dico io perché. È brutto come un rospo e noioso da morire!"

5. "Stasera ho voglia di preparare qualcosa alla griglia. Cosa ti va? Il pollo o la bistecca?" "_____ è la stessa cosa. Tutta la carne alla griglia ha lo stesso sapore a mio parere."

6. Purtroppo non ti posso accompagnare in centro stasera. Ho _____cose da fare e diversi lavori in casa da finire.

7. Non ho visto quel buco sul marciapiede e _____ non ci sono caduta dentro!

8. "Vuoi venire con me in montagna questo fine settimana? Il tempo è stupendo e possiamo dormire senza tenda sotto le stelle." "Io? Fare il campeggio? _____! Quando passo un weekend fuori casa mia voglio essere comodo: stare in albergo, divertirmi la sera in discoteca e dormire tranquillo senza il ronzio delle zanzare!"

C   *Occhio alla grammatica!*

C.1   Completate le seguenti frasi con il verbo **PIACERE** nel tempo verbale indicato fra le parentesi.

P – presente	**PP** – passato prossimo
F – futuro	**C** – condizionale
I – imperfetto	

1. Le ragazze pettegole non _____(PP) mai a mia madre e non _____(P) nemmeno a me. Sono tutte oche, noiose e poco divertenti.

2. Non mi _____(P) il tuo comportamento e sono sicura che non_____ (F) a nessuno! È ora che tu cambi il tuo modo di fare.

3. Claudio ed io siamo andati a vedere uno spettacolo di flamenco ieri sera che ci _____(PP) immensamente.

4. Mario era un bambino allegro e spensierato. Da piccolo gli _____(I) passare le sue giornate fuori a giocare e non voleva mai fare i compiti.

5. Sono così nervosa! Credi che io _____(F) alla tua famiglia?

6. Ragazzi, vi _____(C) il lesso per pranzo? Oggi ho invitato la zia Filippa e lei lo adora.

C.2 Altri verbi come PIACERE sono DISPIACERE, BASTARE, RESTARE, SERVIRE, MANCARE e SUCCEDERE: Completate le seguenti frasi seguendo il modello del verbo PIACERE notando l'uso particolare dei verbi in parentesi.

Esempio dal testo: "Mi trovi fatta per **piacere** alle oche?" (RIGA 131)

1. Stasera mi _____ (servire) il mio libro di storia, ma te lo posso prestare domani non appena finisco di studiare. *(servire = aver bisogno di)*

2. "Ragazzi, quanto denaro vi serve per fare la spesa?" "Ci_____ (bastare) venti euro, mamma." *(bastare = essere sufficiente)*

3. Antonio ha perso tutti i suoi soldi a Las Vegas e gli _____ (restare) solo venti dollari per il biglietto di Greyhound per tornare a Los Angeles. *(restare = rimanere)*

4. Silvia si trova molto bene all'università ma le _____ (mancare) moltissimo la cucina di sua madre. *(mancare = sentire la mancanza di)*

5. "Come sei pallida, Susanna! Ma, cosa ti _____?" (succedere) *(succedere = accadere)*

6. Alla fine i ragazzi non sono riusciti a trovare i biglietti per il concerto, il che gli _____ (dispiacere) moltissimo. *(dispiacere = rincrescere)*

C.3 Create delle frasi sostituendo un pronome oggetto indiretto alle parole in corsivo.

Esempio: a Mario / restare / un esercizio da finire *Gli resta solo un esercizio.*

1. *a te* / piacere / le verdure lesse quando eri piccolo

_____

2. *a Elisa* / mancare / le sue amiche

_____

3. *ai ragazzi* / non bastare / tre giorni di vacanza

_____

4. *a voi* / servire / la macchina stasera

_____

5. *a noi* / succedere / un guaio terribile ieri sera

_____

6. *a me* / dispiacere / non potervi accompagnare all'aeroporto.

_____

C.4 **Rispondete alle seguenti domande adoperando la forma tonica del pronome oggetto indiretto. Notate che questa forma si usa per dare enfasi e per distinguere.**

Esempio:

"**Mi** piacciono moltissimo gli scampi alla griglia."
"**A me** *no. Non mi piace nessun tipo di pesce.*"

1. "Ci piace molto l'idea di passare una settimana a Parigi. E a Mario?"

"_____ no. Odia le grandi città e preferisce passare le vacanze al mare o in montagna."

2. "Questi soldi vi bastano per pagare i biglietti aerei? E a Luisa bastano?"

"_____ sì, ma _____ no. Gliene occorrono di più perché ha prenotato un posto in prima classe."

3. "Come si sta bene qui in campagna! Non mi manca affatto la confusione della città." "_____ sì. Detesto il silenzio e la tranquillità e non vedo l'ora di tornare a Milano."

4. Carlo e Giovanna non hanno niente in comune. Lui preferisce il mare ma lei la montagna, lui ama restare a casa davanti alla TV ma lei adora la vita mondana. A Carlo interessano i film d'azione, ma _____ no. Però, nonostante siano   così diversi, si vogliono bene.

5. "A Gabriele non piace alzarsi presto la mattina." "Neanche _____ , ma lo devo fare per forza perché vado al lavoro con il treno delle 7.00."

6. "Mi resta un anno di università per laurearmi." "Anche _____ e siamo felicissimi perché non vediamo l'ora di cominciare a lavorare. Abbiamo proprio bisogno di soldi."

D *Parliamone un po'!*

1. Come hai trovato il secondo atto di questa famosa commedia della Ginzburg? Con quali aggettivi puoi descriverlo?

2. Ti è simpatico il personaggio di Giuliana? Perché? Quali aspetti del suo carattere ti hanno colpito di più? E cosa pensi di Pietro?

3. Secondo te, come sarà il rapporto tra Giuliana e sua suocera quando si conosceranno? Si piaceranno? Che cosa si diranno quando si vedranno per la prima volta?

E *Occhio alla scrittura!*

Tu e il tuo fidanzato/la tua fidanzata siete seduti in un ristorante e state organizzando una festa per il vostro matrimonio. Crea un dialogo in cui uno è a favore di un ricevimento per pochi intimi mentre l'altro preferisce una grande festa con centinaia di invitati. Cercate di usare il più possibile sia le espressioni idiomatiche che il verbo PIACERE e altri verbi simili studiati in questo capitolo.

_____

_____

_____

_____

_____

_____

_____

_____

_____

_____

_____

Un mestiere anche per me
di Giovannino Guareschi

Breve curriculum vitae
di
Giovannino Guareschi

- **Data di nascita:** 1° maggio 1908

- **Data di morte:** 22 luglio 1968

- **Luogo di nascita:** Fontanelle di Roccabianca (provincia di Parma)

- **Forse non sapevi che. . .** nel 1925 fu costretto ad abbandonare i suoi studi universitari perché l'attività commerciale di suo padre era andata in fallimento. Benché non si sia mai laureato, i suoi libri sono tra i più venduti nel mondo.

- **Profilo letterario:** La satira politica è presente in molti suoi scritti, specialmente nella serie *Don Camillo* che racconta l'insolita amicizia tra un sacerdote di provincia e il sindaco comunista del paese. Sia che trattino argomenti politici o autobiografici, le opere di Guareschi sono pervase da un umorismo a volte sottile ma sempre coinvolgente.

- **Top 5 della sua carriera:** *Bertoldo (rivista satirica 1936-1943); Candido (rivista satirica 1945-1957); Don Camillo (1948); Corrierino delle famiglie (1954); Don Camillo e i giovani d'oggi (1969-postumo).*

◆ ◆ ◆

- **Se vuoi saperne di più. . .**

1. Hai già trovato la città di Parma sulla cartina dell'Italia (a pagina 2). Quali sono le altre province dell'Emilia Romagna e qual è il capoluogo di provincia?

2. Con l'aiuto di Internet, trova alcune informazioni sulle tendenze politiche di Guareschi. Secondo te era uno scrittore più di destra o di sinistra? Contro chi rivolgeva di più la sua satira politica?

3. Sempre servendoti di Internet, trova qualche altra informazione interessante su Giovannino Guareschi da condividere con i tuoi compagni.

A 📖 *Prima di leggere . . .*

A.1 Abbinate le professioni della colonna A ai termini corrispondenti della colonna B.

A	B
1. _____chirurgo	**a)** permanente, pettini, forbici
2. _____programmatore	**b)** chi lavora in proprio
3. _____avvocato	**c)** lavagna, compiti, pagella
4. _____bancario	**d)** bisturi, sala operatoria, intervento
5. _____insegnante	**e)** occhiali, lenti a contatto, miopia
6. _____infermiere/a	**f)** ricetta, pillole, pomate
7. _____parrucchiere/a	**g)** contanti, assegni, sportello
8. _____ottico	**h)** pazienti, iniezioni, stetoscopio
9. _____farmacista	**i)** processo, tribunale, giudice
10. _____libero professionista	**l)** computer, tastiera, dischetti

A.2   Scegliete la parola che non è un sinonimo bensì un'estranea.

Esempio dal testo:

"La Pasionaria **si volse** verso Margherita." (RIGA 3)   *(si girò / si voltò / **andò**)*

1. Quella sera, finita la cena, **intimai** alla Pasionaria "La borsa!" (RIGHE 1-2)

    (ordinai / domandai / comandai)

2. La Pasionaria parve molto **stupita**. (RIGA 8)

    (stupida / meravigliata / sbalordita)

3. "La mia borsa?" **borbottò**, "E cosa ti serve?" (RIGA 9)

    (bisbigliò / disse / mormorò)

4. "Mio babbo è **il sostegno** della famiglia." (RIGA 27)

    (il supporto / l'appoggio / il capo)

5. "E **i quattrini** che servono a me e a voi per vivere, dove li prendo?" (RIGHE 47-48)

    (il denaro / le cose / i soldi)

6. "Dunque, tuo padre è semplicemente **un disgraziato** senza mestiere."
    (RIGHE 64-65)

    (un poveretto / uno sfortunato / un disonesto)

7. "Si dice **mestiere** quando uno fa qualcosa di cui c'è bisogno." (RIGHE 67-68)

    (lavoro / professione / passatempo)

8. "Non potevo impiantare con la Pasionaria la discussione **massiccia** che il caso richiedeva." (RIGHE 82-83)

    (interessante / importante / considerevole)

9. "Procurati un mestiere! Nessuno ti **impedirà** poi di continuare a scrivere."
    (RIGHE 87-88)

    (proibirà / dirà / vieterà)

10. "Se era [...] **incosciente** perché l'hai sposato?" (RIGHE 132-133)

    (irresponsabile / inconscio / immaturo)

A.3 Il verbo DIRE si usa comunemente sia nella lingua parlata che scritta. Ci sono però dei sinonimi che descrivono in modo più preciso l'intento di chi parla o scrive. I sinonimi sottoelencati si trovano nel testo. Sostituiteli al verbo DIRE nelle seguenti frasi:

intimare	*esclamare*	*rivolgersi a*	*intervenire*	*gridare/urlare*
proporre	*sospirare*	*protestare*	*rispondere*	*affermare*

Esempio dal testo:

"Non sai che io [….] scrivo per i giornali e faccio dei libri?"
"Si capisce che lo so," **disse** la Pasionaria. (RIGHE 53-56)   *(rispose)*

1. "Perché non andiamo tutti a vedere il nuovo film di Benigni e poi al ristorante per una cena italiana?" ci **ha detto** la nostra insegnante.

(_____)

2. "Che bella giornata di sole!" **ha detto** il nonno quando ha aperto la finestra.

(_____)

3. "Ma è possibile? È solo il 15 del mese e sono già senza soldi!" **ha detto** mio fratello con una voce stanca. (_____)

4. "Ma Lei, signora, si sbaglia. Quella donna non è la cognata del dottor Rossi, è sua moglie!" **ha detto** la segretaria. (_____)

5. "Professoressa, ci ha assegnato troppi compiti! Stasera è Martedì Grasso e vogliamo andare al ballo in maschera!" **hanno detto** gli studenti.

(_____)

6. Quando ha visto quel pit bull inferocito avvicinarsi, mia sorella **ha detto:**
"Aiuto!". (_____)

Un mestiere anche per me

Quella sera, finita la cena, intimai alla Pasionaria:

— La borsa!

La Pasionaria mi guardò, poi si volse verso Margherita:

— Il babbo vuole la borsa dell'acqua calda. Dov'è?

Intervenni con energia:

— Non ho chiesto la borsa dell'acqua calda! Voglio la tua borsa di scuola.

La Pasionaria parve molto stupita.

— La mia borsa? — borbottò. — E cosa ti serve?

— Voglio vedere quello che fai a scuola.

La Pasionaria si avviò lentamente verso l'angolo dei giornaletti borbottando:

— Però, se ognuno si occuperebbe degli affari suoi, sarebbe meglio!...

Ebbi la borsa e incominciai a sfogliare i quaderni. Mi interessai particolarmente di quello del comporre e, proprio in questo, trovai qualcosa che mi preoccupò vivamente:

TEMA: *«Parla dei tuoi genitori. Descrivi la loro vita, il loro carattere, il loro lavoro».*

SVOLGIMENTO: *«I miei genitori sono brava gente. Mia mamma è l'angelo del focolare e cucina sul Liquigas le vivande saporite che rallegrano il nostro desco, ma io preferisco il salame, **il culatello**° e le patate lesse. Mia mamma si preoccupa sempre che noi siamo in ordine perché se no la gente dice che sembriamo degli zingari. Allora chiama tutti i giorni una signora che rammenda, cuce e stira molto bene, la quale rimette a posto i nostri abiti e quelli di mio babbo.*

*«Mio babbo è il sostegno della famiglia ed è molto laborioso perché è sempre in giro per la casa a piantare i chiodi per i quadri, stringere la vite del rubinetto dell'acqua, regolare il bruciatore della **nafta**° per i termosifoni, oppure sorvegliare i muratori o il falegname.*

«Mio babbo ogni tanto lava l'automobile e poi l'asciuga con lo strofinaccio di pelle. Mette anche l'acqua dentro il buco del radiatore e guarda il livello dell'olio nel motore.

un tipo di salume molto pregiato simile al prosciutto

prodotto combustibile derivato dal petrolio

«Mio babbo è anche capace di scrivere a macchina, in nero oppure in
35 rosso. Gli piace la lettura e legge molti giornali.

«Tutte le settimane va in automobile a Milano e poi torna e mia
mamma è contenta perché o c'è da accomodare la luce elettrica, o c'è da
fare il rifornimento della nafta, o c'è l'orologio grosso da ricaricare
eccetera.

40 «Come carattere i miei genitori sono nervosi ma buoni e abbastanza
simpatici e, anche se delle volte mi fanno inquietare, io li perdono
sempre».

* * *

Lessi il componimento, poi mi rivolsi alla Pasionaria:

45 — Dunque tutto il lavoro di tuo padre consiste
nell'appendere quadri, nel ricaricare l'orologio e nell'andare in
automobile a Milano. E i quattrini che servono a me e a voi
per vivere, dove li prendo?

La Pasionaria si strinse nelle spalle:

50 — Me non mi occupo degli affari degli altri.

— Saggio principio! — esclamai. — Però una figlia
avrebbe come minimo l'obbligo di conoscere il mestiere di suo
padre. Non sai che io, oltre a riparare il rubinetto del
lavandino e l'interruttore della luce, scrivo per i giornali e
55 faccio dei libri?

— Si capisce che lo so, — rispose la Pasionaria. — Ma
quello lì non è un mestiere come il falegname, il medico, il
meccanico o l'avvocato.

— E cos'è, allora? — gridai.

60 — È una cosa così. Tutti sono capaci di scrivere delle cose.
Invece se uno non è dottore non è capace di tagliare una
gamba.

Mi indignai:

— Dunque tuo padre è semplicemente un disgraziato
65 senza mestiere!

La Pasionaria non si impressionò:

— Si dice mestiere quando uno fa qualcosa di cui c'è
bisogno. Quando uno ha bisogno di un vestito chiama il sarto,
quando uno ha bisogno di una medicina chiama il dottore,

70 quando uno ha bisogno di fare una tavola chiama il
falegname. Quelli sono mestieri. Nessuno chiama mai lo
scrittore perché ha bisogno di una storia da piangere o da
ridere.

— Tu, però, le leggi le storie dei tuoi libri e dei tuoi
75 giornali! — urlai.

— Non c'entra, — replicò la Pasionaria. — Ci sono dei
bambini che non le leggono e non succede niente. Però, se un
bambino ha **le scarpe rotte°** e non c'è il calzolaio che gliele
accomoda, deve camminare a piedi nudi, oppure se un uomo

*scarpe che hanno bisogno
di essere riparate*

80 deve andare in tribunale e non c'è l'avvocato, finisce in
prigione.

Non potevo impiantare con la Pasionaria la discussione
massiccia che il caso richiedeva.

Del resto intervenne, a impedirmelo, Margherita:

85 — Ecco, — sospirò Margherita. — I fatti mi danno
ragione un'altra volta ancora. Quante volte ti ho detto:
«Finisci gli esami, Giovannino; prenditi la tua laurea. Procurati
un mestiere: nessuno ti impedirà poi di continuare a scrivere,
ma sarai un uomo a posto, non un disgraziato senza arte né
90 parte». Non ti lagnare se oggi i tuoi figli ti dicono che non hai
un mestiere.

Albertino intervenne:

— Se il babbo volesse, — disse a Margherita, — potrebbe
dare gli esami e prenderla adesso la laurea!

95 — Troppo tardi! — rispose Margherita. — Dovrebbe
ricominciare tutto da capo: non si ricorda più di niente. Non
vedi che non si raccapezza neanche quando tu gli domandi
qualche spiegazione di latino o di matematica?

— Non importa, — protestò Albertino. — Se si
100 applicasse riuscirebbe. È intelligente.

— L'intelligenza non serve a niente quando manca
completamente la memoria. Ormai quello che è fatto è fatto.
Non ci son più speranze.

La Pasionaria fece udire la sua voce:

105 — Se non può prendere il diploma, potrebbe sempre fare un altro mestiere. Per esempio, aprire una bottega. Per fare il bottegaio non ci vuole il diploma.

Margherita rise:

— Darsi al commercio lui, un uomo che ha passato la sua

110 vita sbagliando tutti i suoi affari, firmando i contratti più disgraziati, guadagnando dieci dove chiunque, al posto suo, avrebbe guadagnato cento! Non ci pensare neppure: se aprisse un negozio fallirebbe in quindici giorni.

— Potrebbe fare il rappresentante, — propose Albertino.

115 — È un sentimentale: nessuna forma di commercio è fatta per lui, — affermò Margherita.

— Potrebbe fare il camionista! — esclamò la Pasionaria.

— Ha la patente e sa guidare.

Margherita scosse il capo:

120 — Mestiere duro! Oramai è vecchio, ha i nervi **logori**°, l'occhio stanco.

consumati, stanchi (fig.)

La Pasionaria mi guardò sinceramente dispiaciuta.

— E allora, — si rammaricò, — non può fare proprio più niente, poveretto?

125 Margherita scosse il capo:

— Niente di niente. Può soltanto continuare a tirare avanti alla giornata come ha fatto fino ad oggi. Continuare a vivere come un uccello su un ramo. Squinternato e incosciente come il primo giorno che l'ho conosciuto.

130 La Pasionaria si ribellò:

— È inutile che adesso fai tante storie! — disse a Margherita. — Se era squinternato e incosciente perché l'hai sposato?

Margherita allargò le braccia:

135 — Forse perché io ero più incosciente di lui.

La Pasionaria rimase molto colpita dalla rivelazione materna. Troncò il discorso e si appartò per rimettere in ordine la sua borsa.

Vidi che, prima di riporre il quaderno del comporre, vi
140 scrisse qualcosa, e quando tutti se ne furono andati a letto e io
rimasi solo, **cavai fuori°** il quaderno e trovai che lo   *tirai fuori, presi*
svolgimento del tema sui genitori era stato aggiornato:

«Mio babbo scrive per i giornali, ma il suo mestiere è il camionista.
Anche mia mamma è capace di guidare il camion e, quando mio babbo
145 *deve fare i viaggi lunghi, mia mamma guida lei mentre suo marito si*
riposa nella cuccetta della cabina. Il nostro camion è un Fiat a nafta,
ultimo modello. È molto bello e sul frontespizio della cabina c'è scritto in
grande: "Dio ci salvi"».

La Pasionaria aveva spazzato via tutti gli impedimenti e mi
150 aveva promosso d'autorità camionista. E, avuto riguardo dei
miei acciacchi e per rendermi meno gravoso il lavoro, m'aveva
messo al fianco, come secondo autista, Margherita.

Avevo un mestiere anch'io.

Spensi la luce e raggiunsi il secondo autista che dormiva
155 nella cuccetta della cabina del nostro camion.

Poco dopo marciavo **a tutta birra°** lungo le deserte strade   *a grande velocità*
del sogno.

◆◆◆

B *Dopo aver letto . . .*

B.1 Comprensione di base. Scegliete l'affermazione che completa meglio le seguenti frasi rispettando il significato del testo.

1. All'inizio del racconto il padre appare come un tipo . . .
   a) comprensivo.
   b) autoritario.
   c) incosciente.
   d) squinternato.

2. La Pasionaria . . .
   a) obbedisce al padre lamentandosi.
   b) si rifiuta di fare quello che le chiede il padre.
   c) risponde male al padre.
   d) è gentilissima con il padre.

3. La Pasionaria nel suo tema . . .
    a) critica la mamma.
    b) dice che la mamma ignora l'opinione della gente.
    c) ammira la madre perché si dedica molto alla famiglia.
    d) dice che sua madre ripara i rubinetti e sorveglia gli operai.

4. Al padre . . .
    a) non piace leggere quando torna dal lavoro.
    b) dispiace che sua figlia lo consideri un disgraziato.
    c) non serve la macchina da scrivere per il suo lavoro.
    d) non interessa leggere i temi che la figlia scrive a scuola.

5. Secondo la Pasionaria . . .
    a) i genitori si inquietano troppo spesso.
    b) i genitori la perdonano sempre.
    c) è bene occuparsi degli affari degli altri.
    d) il lavoro che fa suo padre non è un vero mestiere.

6. Margherita . . .
    a) avrebbe preferito che suo marito da giovane avesse preso la laurea.
    b) dice che i figli hanno ragione a proposito del mestiere del padre.
    c) pensa che il marito debba ricominciare a studiare.
    d) crede che non sia mai troppo tardi per prendere la laurea.

7. Alla fine . . .
    a) il padre decide di riprendere gli studi.
    b) la Pasionaria convince suo padre a fare il camionista.
    c) Margherita si rallegra che suo marito sia più maturo di prima.
    d) Margherita ammette di essere stata più irresponsabile del marito.

8. Secondo quello che la Pasionaria scrive. . .
    a) la mamma sa guidare il camion.
    b) il padre guida un vecchio camion Fiat.
    c) la mamma si riposa a casa quando il padre guida il camion.
    d) il padre fa solo viaggi brevi.

B.2 Cercate nel testo le frasi che corrispondono a quelle elencate qui sotto.

Esempio dal testo:

Mia madre è completamente dedicata alla famiglia.
"Mia mamma è l'angelo del focolare." (RIGHE 20-21)

1. Desidero vedere il tuo quaderno dei temi. (RIGA 10)

2. Altrimenti le persone ci criticano. (RIGA 24)

3. E come guadagno i soldi di cui tutti noi abbiamo bisogno? (RIGHE 47-48)

4. Non sono una ficcanaso. (RIGA 50)

5. Non mi sbaglio neanche in quest'occasione. (RIGHE 85-86)

6. Diventerai una persona con un vero lavoro e rispettata da tutti. (RIGHE 89-90)

7. Sarebbe necessario che lui ritornasse indietro e rifacesse tutto. (RIGHE 95-96)

8. A volte è più utile ricordare che essere molto intelligenti. (RIGHE 101-102)

9. Qualsiasi altra persona nella sua situazione avrebbe avuto più successo. (RIGHE 111-112)

10. Le parole della mamma hanno avuto un profondo effetto sulla figlia. (RIGHE 136-137)

B.3   Completate con l'espressione adatta tra quelle qui proposte.

non c'entra	*a piedi nudi*	*niente di niente*	*quel che è fatto è fatto*
fare storie	*alla giornata*	*tirare avanti*	*senza arte né parte*
da capo	*a posto*	*darsi a*	*al posto (mio/tuo/ecc)*

1. Che camera disordinata! Libri e vestiti per terra, e perfino biscotti sbriciolati nel letto! Metti tutto _____ prima che arrivino i nonni.

2. Con questo freddo vai in giro _____? Ti verrà sicuramente il raffreddore.

3. Ieri avevo una fame da lupi, ma quando ho aperto il frigo. . . _____! Sono dovuta per forza andare al supermercato.

4. A questo punto è impossibile tornare indietro. Tu e il tuo ragazzo vi siete lasciati: _____. Adesso pensa ai tuoi studi e vedrai che un giorno troverai la persona giusta.

5. "Luigi, non _____! Alzati e dammi una mano a mettere in ordine il garage."

6. Maria si è fidanzata con un tipo _____. Non studia, non lavora, e passa intere giornate davanti al computer.

7. Come mai hai speso tutti quei soldi per un vestito firmato? Sei davvero pazza! Io, _____, avrei scelto qualcosa di più pratico.

8. Con la crisi economica, tante persone hanno difficoltà a _____. Vivono praticamente_____. Non sanno neanche come pagheranno l'affitto da un mese all'altro.

C *Occhio alla grammatica!*

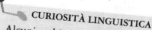

CURIOSITÀ LINGUISTICA

Alcuni verbi si possono usare sia nella forma originale che nella forma riflessiva. Non sempre, ma qualche volta, il significato cambia radicalmente. Per esempio, quando diciamo *"Lui si è dato alla musica"* significa che si è dedicato completamente alla musica.

C.1 Completate le seguenti frasi con la forma giusta dei verbi elencati sotto.

allargare/allargarsi　　　　　*chiedere/chiedersi*　　　　　*lavare/lavarsi*
rallegrare/rallegrarsi (di/per)　*stringere/stringersi*　　　　*servire/servirsi (di)*
preoccupare/preoccuparsi (di/per)　*mettere/mettersi (a)*　　*interessare/interessarsi (a)*

Esempi: "Margherita **allargò** le braccia." (RIGA 134) *(allargare)*

Purtroppo le mie scarpe **si sono allargate** con la pioggia e non me le posso più mettere. *(allargarsi)*

1. (mettere/mettersi) "Sbrigati, Annarosa! _____ subito a studiare!"

2. (chiedere/chiedersi) Io _____ sempre come mai Giovanni non riesca a trovare una ragazza carina. Frequenta sempre quelle brutte e antipatiche.

3. (lavare/lavarsi) Ho chiesto a Giorgio di_____ il cane; era sporchissimo dopo aver giocato nel fango per quasi un'ora.

4. (preoccupare/preoccuparsi) Quando ero ragazza dovevo sempre rientrare prima di mezzanotte altrimenti i miei genitori _____ tantissimo.

5. (servire/servirsi) "Bambini, per colorare queste figurine potrete _____ degli acquerelli che troverete sui vostri banchi."

6. (rallegrare/rallegrarsi) Questi fiori sono bellissimi! _____ la stanza e ci mettono di buonumore.

7. (stringere/stringersi) Quando le ho chiesto cosa volesse fare dopo l'università si è un po' arrabbiata. _____ nelle spalle ed ha cambiato discorso.

8. (interessare/interessarsi) Mio fratello va sempre allo stadio la domenica perché gli _____ molto il calcio. Fa il tifo per l'Inter.

C.2 **Esaminate le seguenti frasi tratte dal testo e sostituite le parole sottolineate con i pronomi corretti. Attenzione agli accordi e alla posizione dei pronomi!**

Esempio dal testo: "Margherita scosse <u>il capo</u>." (RIGA 125)
    Lo scosse.

1. "Non ho chiesto <u>la borsa dell'acqua calda!</u>" (RIGA 6)

_____!

2. "[. . .] incominciai a sfogliare <u>i quaderni</u>." (RIGA 15)

_____.

3. "Mi interessai particolarmente <u>di quello del comporre</u> [. . .]." (RIGHE 15-16)

_____.

4. "Parla <u>dei tuoi genitori</u>." (RIGA 18)

_____!

5. "Mio babbo [. . .] mette anche <u>l'acqua</u> <u>dentro il buco del radiatore</u>."
(RIGHE 31- 32)

_____.

6. "Mio babbo è anche capace <u>di scrivere a macchina.</u>" (RIGA 34)

_____.

7. "Non <u>mi</u> occupo <u>degli affari degli altri</u>." (RIGA 50)

_____.

8. "Ci sono <u>dei bambini</u> [. . .]." (RIGHE 76-77)

_____.

9. " [. . .] i tuoi figli <u>ti</u> dicono <u>che non hai un mestiere</u>." (RIGHE 90-91)

_____.

10. "Vidi che, prima di riporre <u>il quaderno del comporre</u>, vi scrisse qualcosa."
(RIGHE 139-140)

_____.

D *Parliamone un po'!*

1. Il padre della Pasionaria fa lo scrittore. Perché questo non sembra un mestiere vero e proprio a sua figlia? Come risolve il problema la bambina per fare bella figura davanti alla maestra che deve leggere il suo tema? E tu? Hai mai inventato qualcosa a proposito della tua famiglia per fare una buona impressione sui tuoi compagni?

2. La Pasionaria si vergogna del mestiere di suo padre. Secondo te, lei è impertinente nei riguardi di suo padre o pensi che il suo comportamento sia piuttosto normale? Perché? Anche tu ti sei trovato/a in una situazione simile quando eri bambino/a?

3. Era chiamata "La Pasionaria" Dolores Ibarruri, una famosa attivista spagnola del ventesimo secolo, nota per i suoi appassionati discorsi politici. Secondo te, perché il padre usa questo soprannome per sua figlia?

E *Occhio alla scrittura!*

Scrivi un tema di circa 200 parole sul seguente argomento:

Chi fa lo scrittore ha un lavoro estremamente interessante ma non guadagna molto, a meno che non diventi famoso. Quali sono alcuni mestieri e professioni che i tuoi genitori non approverebbero se tu li scegliessi e perché? (Puoi consultare sia il dizionario che la lista delle professioni nella sezione A.)

Breve curriculum vitae
di
Beppe Severgnini

- **Data di nascita:** 26 dicembre 1956

- **Luogo di nascita:** Crema (provincia di Cremona)

- **Forse non sapevi che. . .** nonostante si sia laureato in legge all'Università di Pavia, ha preferito intraprendere la carriera del giornalista che poi lo ha portato in giro per il mondo.

- **Profilo letterario:** La maggior parte dei suoi scritti sono resoconti ironici e umoristici dei suoi viaggi e permanenze all'estero. L'autore si diverte in modo particolare a paragonare il carattere e le abitudini degli italiani con quelle delle altre nazioni.

- **Top 5 della sua carriera:** *Italiani con la valigia (1993); Un italiano in America (1995); Manuale dell'imperfetto viaggiatore (2000); La testa degli italiani (2005); L'italiano. Lezioni semiserie (2007).*

◆ ◆ ◆

- **Se vuoi saperne di più. . .**

1. Trova la città di Cremona sulla cartina dell'Italia (a pagina 2). Servendoti di Internet scopri quale strumento musicale ha reso famosa questa città e quale nome illustre è legato a questo strumento.

2. Visita il sito del *Corriere della Sera* (www.corriere.it) e scopri "Italians", il forum moderato da Beppe Severgnini. Quali sono alcuni dei diversi argomenti trattati in questo forum e secondo te perché si chiama "Italians"?

3. Dopo aver visitato il sito ufficiale di Severgnini (www.beppesevergnini.com) trova qualche altra informazione sull'autore da condividere con i tuoi compagni.

A 📖 *Prima di leggere . . .*

A.1 Completate le seguenti frasi scegliendo le espressioni corrette tra quelle proposte.

In molte città italiane, guidare è spesso un'avventura e potrebbe anche

trasformarsi in una disavventura. Infatti, c'è sempre traffico nelle strade del

centro e questo si intensifica nell' _____[1] (ora di punta /

isola pedonale). I pedoni sono sempre in pericolo anche quando attraversano

sulle _____[2] (strisce pedonali / multe) o quando c'è un

_____[3] (conducente / vigile) che dirige il traffico. Chi va a

una velocità moderata e si ferma quando il _____[4]

(pedone / semaforo) è giallo corre il rischio di causare un tamponamento a catena.

Chi invece accelera mette in pericolo altri conducenti che hanno il buon senso di

_____[5] (rallentare / investire) quando vedono lo stesso

semaforo giallo. Spesso quando due macchine arrivano a un

_____[6] (divieto / incrocio) con uno stop, invece di

_____[7] (fermarsi / scontrarsi) passano tranquillamente

senza preoccuparsi delle possibili conseguenze. Infine, quando gli automobilisti

superano il limite di _____[8] (velocità / incrocio) possono

ricevere una _____[9] (striscia / multa) salata o possono

addirittura _____[10] (fermarsi/ scontrarsi) con un'altra

macchina con gravi conseguenze.

A.2 FALSI AMICI: Molte parole in italiano e inglese sono simili nella forma ma diverse nel significato. Completate le frasi scegliendo la parola giusta e facendo i cambiamenti necessari.

1. **(geniale / ingenuo)**

   a) Mario crede a tutto ciò che gli dicono. È veramente un tipo
   _____.

   b) Paolo è davvero un cervellone! Ha sempre delle idee _____
   e riesce a risolvere i problemi più complessi.

2. **(il gusto / l'entusiasmo)**

   a) Jacqueline Kennedy era conosciuta per la sua eleganza e il suo
   _____ raffinato.

   b) Gli studenti hanno accolto con _____ la proposta di una
   gita scolastica in montagna.

3. **(aspettare con ansia / anticipare)**

   a) Teresa era incinta per cui lei e Giuseppe hanno deciso di
   _____ le nozze.

   b) Quando eravamo piccole io e mia sorella ogni anno _____
   l'arrivo della Befana il 6 gennaio.

4. **(discutere / parlare)**

   a) "Sei sempre così polemica, Maria! Vuoi sempre _____ su
   ogni cosa."

   b) Quando sono in treno mi piace socializzare con gli altri viaggiatori e
   _____ del più e del meno. Mi aiuta a passare il tempo.

5. **(la riconoscenza / il riconoscimento)**

   a) "La prego di accettare questi fiori in segno di _____ per
   tutto l'aiuto che ci ha dato in questo periodo così difficile."

   b) Dopo il tamponamento è arrivato il vigile urbano che ha voluto vedere
   non solo la patente, ma anche un altro documento di _____ del
   conducente.

6. (lo scolaro / lo studioso)

a) A giugno ci sarà una riunione di molti _____ che si occupano del problema del riscaldamento globale.

b) In terza elementare tutti gli _____ devono imparare a memoria le tabelline.

7. (attualmente / in realtà)

a) Secondo le statistiche del mese scorso, _____ in Italia ci sono 3 milioni di immigrati provenienti soprattutto dal Nord Africa e dall'Europa dell'est.

b) Tutti pensavano che la causa dell'incendio fosse stata il fulmine di ieri notte, ma _____ si è trattato di un incendio doloso.

8. (finalmente / infine)

a) "_____ sei arrivato! Ti aspetto da mezz'ora. Stavo quasi per andarmene!"

b) "Ragazzi, prima dovete leggere con attenzione il brano; poi rispondete alla domande. _____, scrivete un riassunto di 150 parole."

9. (eventualmente / più tardi)

a) Adesso compro solo il vestito; _____, se ci saranno i saldi di fine stagione, prenderò anche le scarpe.

b) Noi partiamo ora. Il resto del gruppo ci raggiungerà _____ perché Marco e Luisa escono dal lavoro non prima delle 19.

10. (la lite / l'argomento)

a) "Ragazzi, che noia! Parlate solo di sport! Non si può cambiare _____ ogni tanto?"

b) Silvia e il suo ragazzo non si parlano da una settimana. _____ è stata particolarmente feroce e sarà difficile rimettere pace tra i due.

La strada, o la psicopatologia del semaforo

[. . .] In Italia, le norme non vengono rispettate come in altri paesi: accettando una regola generale, ci sembra di far torto alla nostra intelligenza. Obbedire è banale, noi vogliamo ragionarci sopra. Vogliamo decidere se quella norma si applica al nostro
5 caso particolare. Lì, in quel momento.

Guardate questo semaforo rosso. Sembra uguale a qualsiasi semaforo del mondo: in effetti, è un'invenzione italiana. Non è un ordine, come credono gli ingenui; e neppure un consiglio, come dicono i superficiali. È invece lo spunto per un ragionamento.
10 Non si tratta quasi mai di una discussione sciocca. Inutile, magari. Sciocca, no.

Molti di noi guardano il semaforo, e il cervello non sente un'inibizione (Rosso! Stop. Non si passa). Sente, invece, uno stimolo. Bene: che tipo di rosso sarà? Un rosso pedonale? Ma
15 sono le sette del mattino, pedoni a quest'ora non ce ne sono. Quel rosso, quindi, è un rosso discutibile, un rosso-non-proprio-rosso: perciò, passiamo. Oppure è un rosso che regola un incrocio? Ma di che incrocio si tratta? Qui si vede bene chi arriva, e non arriva nessuno. Quindi il rosso è un quasi-rosso, un rosso
20 relativo. Cosa facciamo? Ci pensiamo un po': poi passiamo.

E se invece fosse un rosso che regola un incrocio pericoloso (strade che s'intersecano, alta velocità, impossibile vedere chi arriva)? Che domanda: ci fermiamo, e aspettiamo il verde. A Firenze – ci andremo – esiste l'espressione «rosso pieno». «Rosso»
25 è un formula burocratica. «Pieno» è il contributo personale.

Notate come le decisioni non siano avventate. Sono invece frutto di un processo logico che, quasi sempre, si rivela corretto (quand'è sbagliato, arriva l'ambulanza).

Questo è l'atteggiamento di fronte a qualsiasi norma: stradale,
30 legale, fiscale, morale. Se si tratta di opportunismo, non nasce dall'egoismo, ma dall'orgoglio. Lo scultore **Benvenuto Cellini°**, cinque secoli fa, si considerava «al di là della legge in quanto

orafo e scultore italiano del XVI secolo.

artista». La maggioranza di noi non arriva a questo punto, ma si attribuisce il diritto all'interpretazione autentica. Non accetta l'idea che un divieto sia un divieto, e un semaforo rosso sia un semaforo rosso. Pensa, invece: parliamone.

* * *

Nelle strade del mondo, davanti alle strisce pedonali, le automobili, in genere, si fermano. Dove non accade è perché non hanno le strisce, o non hanno le strade. In Italia siamo speciali. Abbiamo strade (piene) e strisce (sbiadite); ma le automobili raramente si fermano. Anticipano, posticipano, rallentano, aggirano. Passano dietro, schizzano davanti. Il pedone si sente un torero, ma i tori almeno si possono infilzare.

Qualche volta, tuttavia, una santa, un matto o un **forestiero°** si fermano. Osservate cosa accade. I conducenti che seguono frenano, mostrando di essere irritati: hanno rischiato il tamponamento, e per cosa? Per un pedone, che in fondo poteva aspettare che la strada fosse libera. Il pedone, dal canto suo, assume una patetica aria di riconoscenza. Ha dimenticato che sta esercitando un diritto. Vede solo la concessione, il privilegio insolito, il trattamento personalizzato: attraversa, e ringrazia. Se avesse il cappello lo toglierebbe, inchinandosi come un contadino del **Boccaccio°**.

Un giornalista americano scriveva una trentina d'anni fa: «Non è chic essere un pedone in Italia. È di cattivo gusto». Se è cambiato qualcosa, è cambiato in peggio. Nella brutale gerarchia della strada, tra le auto e i pedoni si sono inseriti i motorini (le biciclette no: quelle sono compagne di sventura). Certo, rispetto ad allora, le auto frenano meglio. Ma scoprire il buon funzionamento di un sistema Abs a due metri dalle caviglie non è una consolazione. A meno che non siate di quelli che arrivano in Italia e trovano tutto pittoresco. In questo caso meritereste tutto quello che vi dovesse succedere. E in una strada italiana, non so se l'avete capito, può succedervi di tutto.

* * *

straniero

*scrittore e poeta
medievale italiano del
XIV secolo noto
soprattutto per
"Il Decameron"*

B *Dopo aver letto . . .*

B.1 Comprensione di base. Rispondete alle seguenti domande.

1. Secondo l'autore perché gli italiani non rispettano le regole come le altre popolazioni?

_____

_____

2. Come ragionano gli italiani davanti al semaforo rosso? Perché questo diventa "lo spunto per un ragionamento"?

_____

_____

3. Cosa intende l'autore dicendo che "arriva l'ambulanza"?

_____

_____

4. L'atteggiamento dell'italiano davanti al semaforo rosso è diverso o uguale a quello che ha per tutte le altre norme?

_____

_____

5. Questo atteggiamento è un fenomeno recente in Italia o ha una lunga storia?

_____

_____

6. Di solito come si comportano davanti alle strisce pedonali gli autisti italiani rispetto a quelli degli altri paesi? E come reagiscono i pedoni?

_____

_____

7. Secondo l'autore, chi sono gli unici che si fermano per far passare i pedoni? Citate esempi specifici dal testo. E come reagiscono i conducenti che seguono? E i pedoni che atteggiamento hanno?

_____

_____

8. Com'è la situazione per i pedoni attualmente?

_____

_____

9. Secondo Severgnini, che cosa meriterebbe un turista ingenuo e distratto che cammina per le strade di una città? Che cosa gli potrebbe succedere?

_____

_____

10. Come definireste il tono dell'autore? Ironico? Polemico? Negativo?

_____

_____

B.2 Leggete le frasi trovate nel testo e sostituite le espressioni in neretto con i sinonimi elencati sotto. Ricordate di fare i cambiamenti necessari.

ciononostante	*oltre*	*offendere*	*dopo tutto*	*a tanto*
a sua volta	*è*	*in modo negativo*	*in confronto*	*qualsiasi cosa*

1. "Accettando una regola generale, ci sembra di **far torto** alla nostra intelligenza." (RIGHE 2-3)

_____.

2. "Se **si tratta di** opportunismo, non nasce dall'egoismo […] ma dall'orgoglio." (RIGHE 30-31)

_____.

3. "[…] Benvenuto Cellini, cinque secoli fa, si considerava **al di là** della legge […]." (RIGHE 31-32)

_____.

4. "La maggioranza di noi non arriva **a questo punto**." (RIGA 33)

_____.

5. "Qualche volta, **tuttavia**, una santa, un matto o un forestiere si fermano." (RIGHE 46-47)

_____.

6. "Per un pedone, che **in fondo** poteva aspettare che la strada fosse libera." (RIGHE 49-50)

_____.

7. "Il pedone, **dal canto suo**, assume una patetica aria di riconoscenza." (RIGHE 50- 51)

_____.

8. "Se è cambiato qualcosa, è cambiato **in peggio**." (RIGHE 57-58)

_____.

9. "Certo, **rispetto** ad allora, le auto frenano meglio." (RIGHE 60-61)

_____.

10. "E in una strada italiana […] può succedere **di tutto**." (RIGHE 65-66)

_____.

C *Occhio alla grammatica!*

C.1 Troviamo il pronome SI in verbi riflessivi e reciproci, forme impersonali e forme passive (SI passivante). Esaminate le seguenti frasi prese dal testo e indicate che tipo di SI è presente.

R = riflessivo; RE = reciproco; I = impersonale; P = passivante

1. "Vogliamo decidere se quella norma **si applica** al nostro caso particolare." **(RIGHE 4-5)** _____

2. "Rosso! Stop. Non **si passa**." **(RIGA 13)** _____

3. "Qui, **si vede** bene chi arriva, e non arriva nessuno." **(RIGHE 18-19)** _____

4. "E se invece fosse un rosso che regola un incrocio pericoloso (strade che **s'intersecano**, alta velocità, impossibile vedere chi arriva.)?" **(RIGHE 21-23)** _____

5. "Sono invece frutto di un processo logico che, quasi sempre, **si rivela** corretto." **(RIGHE 26-27)** _____

6. "Lo scultore, Benvenuto Cellini, cinque secoli fa **si considerava** 'al di là della legge' in quanto artista." **(RIGHE 31-33)** _____

7. "La maggioranza di noi non arriva a questo punto, ma **si attribuisce** il diritto all'interpretazione autentica." **(RIGHE 33-34)** _____

8. "Nelle strade del mondo, davanti alle strisce pedonali, le automobili in genere **si fermano**." **(RIGHE 38-39)** _____

9. "Il pedone **si sente** un torero, ma i tori almeno **si possono** infilzare." **(RIGHE 43-45)** _____ _____

CURIOSITÀ GRAMMATICALE

Ci sono modi particolari per esprimere IL PASSIVO in italiano. Come potete notare nel testo, il verbo *VENIRE* può sostituire il verbo *ESSERE* nelle forme semplici del PASSIVO:
*Le norme non **vengono** rispettate* equivale all'affermazione *Le norme non **sono** rispettate.*

◆ ◆ ◆

Se invece vogliamo sottolineare l'idea dell'OBBLIGO, del DOVERE o della NECESSITÀ utilizziamo l'ausiliare *ANDARE*:
*Le norme **vanno** rispettate* equivale all'affermazione *Le norme **devono essere** rispettate.*

C.2 Nelle frasi che seguono, sostituite i verbi in corsivo con l'ausiliare *ANDARE* o *VENIRE* a seconda del caso.

1. Quel film è eccezionale! *Deve essere* visto.

   Quel film _____.

2. Per fare i ravioli la pasta *deve essere* tirata molto sottile.

   Per fare i ravioli la pasta _____.

3. La Pasqua non *è* mai festeggiata nello stesso giorno ogni anno come il Natale.

   La Pasqua non _____.

4. La vera pizza napoletana *deve essere* cotta nel forno a legna.

   La vera pizza napoletana _____.

5. Nell'800 i bambini *erano* educati con più severità.

   Nell'800 i bambini _____.

6. La mostra dei quadri di Modigliani *sarà* inaugurata sabato prossimo.

   La mostra dei quadri di Modigliani _____.

7. Il cane *dovrebbe essere* portato fuori almeno tre volte al giorno.

   Il cane _____.

8. Immagino che questo antibiotico *debba essere* preso prima dei pasti.

   Immagino che questo antibiotico _____.

D *Parliamone un po'!*

1. Qual è l'atteggiamento degli automobilisti nella tua città? È simile o diverso da quello degli automobilisti italiani? In che modo? E come si comportano i pedoni in Italia e nel tuo paese? Hai paura quando cammini per le strade di una grande città? Perché?

2. Hai mai preso una multa o conosci qualcuno che l'ha presa? Per quale tipo di infrazione? Per divieto di sosta, per essere passato con il rosso, o per aver superato il limite di velocità? Hai degli amici che hanno avuto un incidente? Che tipo di incidente, un tamponamento o uno scontro? Si sono fatti male? E in che condizioni era la macchina?

E *Occhio alla scrittura!*

Scrivi un tema di circa 200 parole sul seguente argomento:

Negli Stati Uniti la legge permette di prendere la patente a 16 anni mentre in Europa e nella maggior parte delle altre nazioni, l'età per la patente è 18 anni. Discuti i vantaggi e gli svantaggi di queste leggi utilizzando il vocabolario del brano di Severgnini e quello presente negli esercizi. Ricorda anche di usare il SI IMPERSONALE quando è possibile.

Scarpe diem

di Beppe Severgnini

A 📖 *Prima di leggere . . .*

A.1   Abbinate le espressioni della colonna A con le definizioni o
i sinonimi della colonna B. Ricordate che alcune di queste
parole possono anche avere altri significati in contesti diversi.

A	**B**
1. efficace	**a)** prendere e tenere stretto, con forza
2. fraintendere	**b)** fatto che non offre nessuna garanzia di sicurezza
3. le impronte digitali	**c)** gridare, urlare
4. suscitare	**d)** il vicinato; la zona circostante
5. impietoso	**e)** capace di produrre l'effetto desiderato
6. costringere	**f)** gli ordini; i desideri
7. estorcere	**g)** il bagno; la toilette
8. sbraitare	**h)** le tracce lasciate dalle dita
9. l'incognita	**i)** crudele; senza compassione
10. i dintorni	**l)** ottenere qualcosa con la forza
11. le disposizioni	**m)** causare; provocare
12. afferrare	**n)** capire male
13. il gabinetto	**o)** obbligare, forzare qualcuno contro la sua volontà
14. stilare	**p)** compilare, redarre

84 | LETTURE DIVERTENTI: UMORISMO

A.2 QUIZ DELLA PERSONALITÀ: Scegliete l'aggettivo che meglio descrive il vostro comportamento in queste situazioni e scrivetelo nell'apposito spazio. Ricordate che ogni aggettivo può essere usato solo una volta.

accomodante	*petulante*	*diffidente*
incosciente	*intransigente*	*previdente*
premuroso	*scontroso*	*permaloso*

Situazione #1: Il tuo fratellino ha la bronchite. Tua madre ti dà 50 euro per andare a comprare le medicine in farmacia. Tu . . .

a) vai subito in farmacia; acquisti i farmaci e li porti a casa. Sei

_____ .

b) spendi i 50 euro insieme alla tua ragazza al cinema e in pizzeria. Sei

_____ .

c) ti offendi perché tua madre non ti ha nemmeno ringraziato quando hai riportato a casa le medicine. Sei _____ .

Situazione #2: Il tuo amico ti propone un week-end a Portofino. Ti assicura che non è necessario prenotare una stanza perché non è alta stagione e i prezzi saranno comunque bassi. Tu . . .

a) hai i tuoi dubbi e telefoni subito a diversi hotel della zona. Sei

_____ .

b) gli dici di no perché non consideri neanche la possibilità di viaggiare senza prenotazione. Sei _____ .

c) nonostante la bassa stagione, ti affretti a prenotare non solo l'albergo ma anche i ristoranti, l'ombrellone e le lezioni di sci nautico. Sei

_____ .

Situazione #3: Tua cugina ti invita a pranzo per festeggiare il suo fidanzamento con Marcello. Tu . . .

a) cominci subito a lamentarti del ristorante, dell'ora del giorno e degli invitati che parteciperanno alla festa. Non te ne va bene una! Sei

_____ .

b) rispondi in modo seccato e dimostri poco entusiasmo pensando solo a un regalo in più da dover comprare. Sei _____ .

c) sei impegnata quel giorno ma le dici che farai di tutto per partecipare. Sei

_____ .

A.3 Completate il seguente brano con le espressioni appropriate facendo i cambiamenti necessari.

rovesciarsi	*snervante*	*pieghevole*	*buttare dentro*
tascabile	*previdente*	*atteggiamento*	*tirare fuori*
incosciente	*sbraitare*	*petulante*	*approssimativo*

Giorgio e Luisa stanno facendo le valigie prima di un viaggio ai Caraibi. Giorgio

è un tipo _____[1] che porta con sé sempre cose inutili o

sbagliate, invece Luisa è molto _____[2] ed organizzata.

Luisa: Ma Giorgio, quest'ombrello è troppo grande e non entra nella

valigia! Prendi quello _____[3].

Giorgio: Luisa, sei troppo nervosa! Smettila di _____[4]!

Ecco l'ombrello ed ecco anche la piccola guida

_____[5] dell'isola di St. Thomas.

Luisa: Fa' attenzione! Se li _____[6] così alla

rinfusa non riusciremo a trovarli quando ci serviranno.

Giorgio: Luisa, fare le valigie con te è un'impresa _____[7].

Capisco che è importante essere organizzati e che io forse sono

troppo _____[8], ma tu sei davvero

_____[9]. Spero proprio che tu cambi

_____[10], altrimenti il nostro viaggio si

trasformerà in un inferno.

Luisa: Scusa Giorgio! Hai ragione. Però devi ammettere che è necessario

che noi adesso _____[11] ogni cosa e poi

rimettiamo tutto a posto in modo logico e organizzato. Inoltre, non

vedi che la bottiglietta dello shampoo non è ben chiusa? Così

_____[12] e macchierà tutti i vestiti. Ma dove hai

la testa?

Giorgio: È inutile, sei proprio incorreggibile!

Scarpe diem

Esistono diversi modi per conoscere il carattere delle persone. Uno dei più efficaci è sposarle; ma basta anche osservale in atteggiamenti che oserei definire intimi. Non fraintendetemi. Sto solo parlando di bagagli.

5   Fare le valigie è un'attività rivelatrice. La psiche umana, al momento delle Piccole Grandi Decisioni (quante paia di calze? quali libri? lo shampoo si rovescerà?), mostra la sua peculiarità. Le valigie sono come le impronte digitali: nessuna è uguale a un'altra. Ma a differenza delle impronte digitali, che

10   nessuno si sogna di criticare, le valigie suscitano spesso commenti impietosi. Ebbene: andrebbero evitati. Un uomo che da mezz'ora sta cercando di chiudere una Samsonite troppo piena non va provocato. Potrebbe avere una reazione violenta, o costringervi a completare l'operazione al posto suo.

15   Comunque sia, non ci sono dubbi: ognuno di noi, al momento della partenza, racconta qualcosa di sé. Esistono sei atteggiamenti di fondo e, quindi, sei categorie di viaggiatori. Le lettrici potranno utilizzarle per estorcere confessioni a mariti, figli, fidanzati e amici occasionali. Mariti, figli, fidanzati

20   e amici occasionali possono usarle come prove a difesa (mi spiace, sono fatto così). Buon divertimento e, se riuscite a partire, buon viaggio.

L'AUTORITARIO – Non ha mai fatto una valigia in vita sua, né la farà mai. È sempre di sesso maschile, e si

25   rivolge prima alla mamma, poi alla moglie, infine alla figlia. Mentre la poveretta lavora, lui si aggira per la casa sbraitando ordini come **il feldmaresciallo Radetzky°**. È nervoso, ma non lo vuole ammettere. La sua specialità è comparire con un altro paio di scarpe

30   quando la valigia è già chiusa.

IL PETULANTE – Convinto che ogni viaggio nasconda molte incognite, questo personaggio stila

ufficiale dell'esercito austriaco (1766-1858) che ebbe un ruolo fondamentale nell'occupazione dell'Italia

lunghi elenchi, le cui voci variano di anno in anno. La
scelta e la preparazione della valigia sono riti snervanti,
che coinvolgono l'intera famiglia. Gli psicologi
sostengono che i teenager sognano le vacanze da soli
perché vogliono sentirsi adulti. Non è esatto: lo scopo
è non essere nei dintorni quando papà fa i bagagli.

IL DIFFIDENTE – Il Diffidente è un Petulante che
rifiuta di farsi la valigia, ma vuole controllare che le sue
disposizioni siano state rispettate. Perciò tira fuori
tutto, e poi chiede di rimetterlo dentro. Il suo motto è
«Quand'ero a casa, stavo in un posto migliore; ma
i viaggiatori devono accontentarsi» (William Shakespeare,
As you like it).

IL PREVIDENTE – È organizzatissimo: porta tutto,
ma in formato ridotto. Possiede **borsettine per la
toilette°**, guide tascabili, coltellini, radioline, giacche a
vento pieghevoli e minifarmacia da viaggio. Se potesse
sostituire la moglie con un'accompagnatrice formato
mignon° (metà del peso e metà degli anni), lo farebbe
senza esitazioni.

kit per la cura personale

piccolo, mini

L'INCOSCIENTE – Tra tutti i viaggiatori, è il più
italiano. Dice di voler «viaggiar leggero»; ma in effetti
l'Incosciente porta con sé molte cose, tutte sbagliate
(ombrello nel Sahara, scarpe scomode dovunque). Una
legge di natura vuole che ogni Incosciente sia sposato
con una Previdente. I due litigano tutto il tempo, ma in
fondo si vogliono bene.

L'APPROSSIMATIVO – Si differenzia dall'Incosciente
perché dedica un po' di tempo alla preparazione dei
viaggi: dai sette ai dieci minuti. È l'impressionista della
valigia: afferra ciò che vede in giro, e butta dentro;
salvo poi lamentarsi, all'arrivo, che manca questo e
manca quello. […] Se il vostro partner si comporta
così, è certamente un Approssimativo. Per neutralizzarlo,
non c'è che un metodo: partire prima di lui, anche se
non dovete andare da nessuna parte.

B *Dopo aver letto . . .*

B.1 Comprensione di base. Rispondete alle seguenti domande con frasi complete.

1. Secondo l'autore, qual è un modo piuttosto estremo per conoscere il carattere di una persona?

_____

_____

_____

2. Perché Severgnini dice che fare le valigie è un'attività rivelatrice?

_____

_____

_____

3. In che modo le valigie sono simili alle impronte digitali e in che senso sono diverse?

_____

_____

_____

4. Perché un uomo che sta cercando di chiudere una valigia non va provocato?

_____

_____

_____

5. L'autore è convinto che ognuno "racconta qualcosa di sé" al momento della partenza. Spiegate quest'affermazione con le vostre parole.

_____

_____

_____

6. Perché l'Autoritario deve chiedere a tante persone di fargli le valigie?

_____

_____

_____

7. Secondo voi, qual è l'aspetto più insopportabile di un Petulante che fa le valigie?

_____

_____

_____

8. Di chi e di che cosa non si fida il Diffidente?

_____

_____

_____

9. Perché il Previdente porta con sé guide tascabili, coltellini, giacche a vento pieghevoli e minifarmacia da viaggio?

_____

_____

_____

10. Quali sono gli errori dell'Incosciente nel fare la valigia e in che modo lo aiuta la Natura secondo Severgnini?

_____

_____

_____

11. Perché Severgnini definisce l'Approssimativo "l'impressionista della valigia"?

_____

_____

_____

12. Come si può neutralizzare un Approssimativo?

_____

_____

_____

B.2 📖 **Completate le frasi scegliendo le espressioni corrette tra quelle qui proposte e facendo i cambiamenti necessari.**

tascabile	*portatile*	*inevitabile*	*imprevedibile*
invisibile	*disponibile*	*immangiabile*	*potabile*
fattibile	*irrespirabile*	*invivibile*	*impensabile*

1. Oggi l'aria è estrememente inquinata, quasi _____.

2. I vestiti dell'imperatore nella favola erano _____.

3. Nei gabinetti dei treni non si può bere l'acqua perché non è
_____.

4. Metti la giacca a vento pieghevole nello zaino perché in questa stagione il tempo è _____. Può cominciare a piovere anche in una giornata di sole.

5. In soli tre giorni tutto ciò che proponi non è assolutamente
_____. Roma è una città troppo grande.

6. Era pessima quella minestra che ha preparato Luisa ieri sera, quasi
_____ a mio parere!

7. Il mio nuovo computer _____ è piccolo, leggero e entra perfettamente nella mia borsa.

8. Con lo smog, il traffico e un alto tasso di criminalità, questa città è diventata
_____.

9. Il direttore è impegnato in questo momento, ma sarà _____ nel pomeriggio. Provi a ripassare più tardi.

10. "Questo libro è troppo grande e pesante! Non entra nella mia valigia." "Perché non ti compri l'edizione_____? L'ho vista ieri in libreria. È finalmente disponibile dopo tanto tempo."

B.3 Scrivete l'infinito dei verbi che corrispondono agli aggettivi sottoelencati.

Esempio:

trasformabile   *trasformare*

1. giustificabile _____   5. impensabile _____

2. trascurabile _____   6. inevitabile _____

3. rintracciabile _____   7. guaribile _____

4. immaginabile _____   8. discutibile _____

C   *Occhio alla grammatica!*

C.1   Esaminate le frasi prese dal testo e indicate a quale elemento si riferisce il pronome relativo in neretto.

1. "Ma a differenza delle impronte digitali, **che** nessuno si sogna di criticare [...]." (RIGHE 9-10) _____

2. "Un uomo **che** da mezz'ora sta cercando di chiudere una Samsonite [...]." (RIGHE 11-12) _____

3. "[...] questo personaggio stila lunghi elenchi, **le cui** voci variano di anno in anno." (RIGHE 32-33) _____

4. "[...] sono riti snervanti **che** coinvolgono l'intera famiglia." (RIGHE 34-35)

_____

5. "[...] è un Petulante **che** rifiuta di farsi la valigia." (RIGHE 39-40) _____

6. "[...] afferra **ciò che** vede in giro." (RIGA 63) _____

C.2 Completate le seguenti frasi scegliendo i PRONOMI RELATIVI appropriati tra quelli elencati qui sotto.

che	cui	il cui la cui i cui le cui	quello che quel che ciò che

1. Non riesco a trovare la borsa in _____ ho messo il mio passaporto.

2. La valigia _____ mia madre mi ha comprato è molto capiente.

3. "Guarda, Marco, la ragione per _____ non riesci a chiudere la valigia è che ci hai buttato tutto dentro alla rinfusa!"

4. "Chi sono quelle persone _____ sbraitano davanti al banco dell'Alitalia?" "Sono i passeggeri _____ volo è stato cancellato."

5. "Ma scherzi! Tutti sanno che ormai è proibito fumare sugli aerei. _____ ha fatto quel passeggero è ingiustificabile."

6. L'impiegato _____ mi ha controllato i documenti ha dimenticato di restituirmi la carta d'imbarco.

7. I passeggeri _____ bagagli superano i 25 chili, devono pagare un supplemento.

8. "Ma hai dimenticato che in Brasile è inverno in questo periodo? _____ hai messo in valigia non è appropriato per questa stagione."

9. L'assistente di volo _____ mi ha portato il caffè era molto gentile; mi ha anche riscaldato il latte per il bambino.

10. La compagnia aerea con _____ viaggio sempre ha prezzi troppo alti quest'anno, perciò ne devo scegliere un'altra.

C.3   Trasformate le seguenti frasi adoperando **CHI** secondo l'esempio. Riuscite a indovinare quali di queste frasi sono proverbi?

Esempio:

Le persone che non rispettano gli accordi non sono affidabili.

Chi non rispetta gli accordi non è affidabile.

> **CURIOSITÀ LINGUISTICA**
> L'uso di CHI come pronome relativo è limitato in italiano. Si usa sempre al singolare e non ha bisogno di un antecedente. Notate l'uso frequente nei proverbi: "Chi la fa l'aspetti"; "Chi va piano va sano e va lontano"; "Chi tardi arriva, male alloggia".

1. Le persone che dormono non prendono pesci.

_____

2. I conducenti che passano col rosso prenderanno una forte multa.

_____

3. Le persone che bene cominciano sono a metà dell'opera.

_____

4. I ragazzi che hanno fatto quello scherzo di cattivo gusto sono degli incoscienti.

_____

5. Le persone che rompono, pagano.

_____

6. I ragazzi che si prendono a pugni verranno puniti.

_____

D   *Parliamone un po'!*

1. Riferendoti al "Quiz della Personalità" (A.2) paragona le tue risposte con quelle dei tuoi compagni e discutine adoperando gli aggettivi trovati nell'esercizio.

2. Se vincessi un viaggio intorno al mondo, ci metteresti molto o poco tempo a fare la valigia? Perché? Insieme a un compagno prepara una valigia per questo viaggio motivando le tue scelte.

E   *Occhio alla scrittura!*

Scrivi un tema di circa 200 parole su uno dei seguenti argomenti:

1. Quali dei tuoi familiari o amici sceglieresti come compagno di viaggio? Perché ti piacerebbe viaggiare con questa persona?

2. Hai mai fatto un viaggio insieme a qualcuno con un carattere difficile? In che senso è stato un viaggio "indimenticabile"? Ricorda di consultare l'*Appendice delle espressioni per la composizione* che aiutano a scrivere un componimento più scorrevole.

_____

_____

_____

_____

_____

_____

_____

_____

_____

_____

_____

_____

_____

_____

_____

_____

_____

_____

_____

Zero
da
Meglio donna che
male accompagnata
di Geppi Cucciari

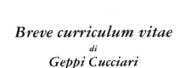

Breve curriculum vitae
di
Geppi Cucciari

- **Data di nascita:** 18 agosto 1963

- **Luogo di nascita:** Cagliari (Sardegna)

- **Forse non sapevi che. . .** pur essendosi laureata in legge all'Università Cattolica di Milano, la Cucciari si è dedicata quasi interamente alla sua vera passione: il mondo dello spettacolo. È un'attrice comica di successo.

- **Profilo letterario:** Nel 2006 esce il suo primo romanzo *Meglio donna che male accompagnata* che parla in modo spiritoso della situazione delle donne trentenni ancora nubili. Oltre a scrivere romanzi, la Cucciari scrive anche per il teatro e per riviste.

- **Top 5 della sua carriera:** *Meglio sardi che mai (monologo teatrale, 2002); Donna Moderna (rivista settimanale femminile a cui collabora dal 2005); Meglio donna che male accompagnata (2006); Si vive una volta. Sola (spettacolo teatrale, 2007); Meglio un uomo oggi (2009).*

◆ ◆ ◆

- **Se vuoi saperne di più. . .**

1. Cerca la città di Cagliari sulla cartina dell'Italia (a pagina 2). Considerando i sogni della Cucciari, perché secondo te non è tornata a vivere nella sua isola?

2. I titoli *Meglio donna che male accompagnata, Meglio un uomo oggi, Meglio sardi che mai,* sono giochi di parole su noti proverbi italiani. Quali sono i proverbi originali e qual è il loro messaggio? Qual è la tua opinione del carattere della Cucciari?

3. Visita uno di questi due siti (http://www.wuz.it/intervista/1187/ intervista-geppi-cucciari.html o http://www.vitadasingle.net/ intervistageppicucciari.htm) e trova una divertente intervista rilasciata dalla Cucciari. Leggila e condividine i punti più interessanti con i tuoi compagni.

A 📖 *Prima di leggere . . .*

A.1 **Abbinate le espressioni della colonna A con le definizioni corrispondenti presenti nella colonna B.**

A	B
1. ritoccare _____	**a)** la chiesa
2. rasserenante _____	**b)** capire, indovinare
3. sigillare _____	**c)** scioccato, sconcertato
4. intuire _____	**d)** modificare
5. tracimare _____	**e)** calmante
6. spaiato _____	**f)** traboccare
7. la parrocchia _____	**g)** chiudere
8. saltuariamente _____	**h)** la biancheria per la casa
9. sconvolto _____	**i)** scompagnato, solo
10. il corredo _____	**l)** occasionalmente

A.2   Completate il seguente brano con le espressioni sottoelencate coniugando i verbi al tempo corretto.

bollette	*distendersi*	*prepararsi*	*tisana*	*aghi*
plaid	*accontentarsi*	*scaldarsi*	*girarrosto*	*ingombrante*
avvolgersi	*scivolare*	*spazzatura*	*estratto conto*	

Quando abitavamo in Trentino spesso d'inverno nevicava tanto che le strade erano chiuse e non si poteva andare a scuola né a lavorare. Io e i miei bambini restavamo in pigiama tutta la mattina e _____[1] sul divano davanti alla finestra guardando la neve che cadeva lentamente. Il nostro cane Max invece _____[2] di sedersi sul tappeto. Dopo pranzo i bambini _____[3] in morbidi _____[4] di lana e facevano un sonnellino mentre io pagavo le _____[5] del gas e del telefono, controllavo l'_____[6] della banca e vuotavo il secchio della _____[7]. Se c'era tempo, prendevo gli _____[8] e i fili e rammendavo i calzini dei bambini. Nel pomeriggio noi _____[9] e uscivamo con Max per giocare in mezzo alla neve. I bambini si divertivano un mondo, anche se non gli piaceva mettersi il giaccone invernale perché era troppo pesante e _____[10]. Inoltre se c'era ghiaccio per terra dovevamo stare attenti a non _____[11]. Quando rientravamo di solito i bambini bevevano una bella _____[12] bollente per _____[13] mentre io cucinavo il pollo al _____[14] per la cena. Che bei tempi!

Zero

Quando tutto è calmo qualcosa di terribile sta per succedere.

È una media mattinata milanese di quasi primavera. Guardo fuori dalla finestra: il cielo è limpido. Sembra una
5 giornata normale. Parcheggiata in strada c'è Bonifacia, la mia macchina: non si può negare un nome a chi ti porta dove desideri e ha uno specchietto di cortesia che ti permette di ritoccare il trucco mentre aspetti le tue amiche in ritardo. Il cane della vicina le ha fatto pipì sulla ruota, per comunicare al
10 mondo che anche quello è territorio suo.

Insomma, tutto come al solito.

La marmellata alle mele cotogne di zia Lucia è appena arrivata da **Macomer°** e non aspetta altro che distendersi comoda sulle fette biscottate e scivolare nel latte e **Nesquik°**.
15 So cosa desidera una marmellata, e farò di tutto per accontentarla.

paese della Sardegna

cioccolato in polvere che si scoglie nel latte

Pensierosa e con lo sguardo rivolto ancora fuori, sorseggio il latte e mi scaldo avvolgendomi nel plaid come quand'ero piccola.

20 Stessa colazione, stesso plaid, ma io non sono più piccola.

Ho trent'anni. Da due anni.

Non devo più andare a scuola, non devo più ubbidire a mia mamma. Qualcosa è cambiato, ma non tutto: alle elementari avevo un fidanzato immaginario.

25 Pure adesso.

L'occhio mi scivola sul tavolo. C'è ancora la tazza della tisana rasserenante alla **passiflora°** della notte prima, un posacenere che tracima di sigarette fumate da Lucia, la posta non letta.

erba comunemente usata negli infusi

30 Oddio, la posta… una lettera. Non è una di quelle che arrivano di solito: non è l'estratto conto della banca né la bolletta del gas. La busta è sigillata e l'indirizzo è scritto a mano in bella grafia. Intuisco di cosa potrebbe trattarsi, le elezioni sono ancora lontane perché possa essere la pubblicità

35 di un candidato, e non ricevo cartoline d'auguri di **Mafalda°** dal 1984. Il campo si restringe: è una richiesta di offerte da parte della parrocchia o una lettera di Maurizio.

noto personaggio dei fumetti

Maurizio. Non avendo più il coraggio di telefonare, scrive. Ogni donna ha un ex fidanzato ingombrante che dà

40 saltuariamente dei colpi di coda, così, solo per il gusto di confondere le idee.

Un tipo così, appena sente nell'aria che tu stai finalmente meglio, che sei in grado di ascoltare *Killing Me Softly* senza metterti a fissare il vuoto, che riesci a guardare una coppia che si bacia senza pensare: "Tanto non dura, vedrai che si

45 lasciano", ecco, in quel preciso momento decide che un sms non ha mai fatto del male a nessuno, che è un peccato buttare via tutto e non restare amici. […]

Sarà difficilissimo aprire quella busta: se c'è la lettera di

50 Maurizio starò male per i prossimi giorni, se vuole tornare da me rientro in crisi, anche se non lo amo più. […]

Prendo la lettera. La porto in cucina, apro il secchio della spazzatura e ce la butto dentro.

Poi entro in bagno, mi guardo allo specchio e sorrido. "Ce

55 l'ho fatta!", penso.

Un secondo dopo: "Però se la leggo non mi vede nessuno".

[…]

Con un balzo sono davanti al bidone della spazzatura, lo apro e raccolgo la lettera.

60 Senza pensarci troppo la leggo.

All'improvviso la cucina attorno a me diventa una sala
cinematografica, ma il set non è quello di *Colazione da Tiffany*.
No, il film è *The Blair Witch Project*. **Immagini alla moviola°**,
sonoro rallentato e urla strazianti in sottofondo.

immagini ripetute al rallentatore; questo sistema si usa spesso durante le trasmissioni sportive

65 "Nouououououoooooo!!!"

Un attimo. Questo non è un film, è la mia vita, l'unica che ho.

Sono sconvolta. Torno verso il tavolo, finisco il bicchiere
di latte […] Rileggo, con la vana speranza che l'inchiostro
possa essersi cancellato o possa aver preso forma di altri
70 caratteri e cambiato contenuto. Ma la scritta c'è, e resta.
Inquietante, incredibile:

Monica Olla e Marino Selis

annunciano il loro matrimonio

Domenica 18 giugno a.c., ore 11,30

75 *Chiesa di san Francesco, Macomer*

E poi, su un biglietto più piccolo:

Dopo la cerimonia Monica e Marino

saranno lieti di salutare parenti e amici

presso "Villa Bonaria"

80 Monica? Com'è possibile? **È più facile che un cammello
passi per la cruna di un ago°** che Monica Olla trovi un
marito, c'era scritto sui bagni del liceo.

parole di Gesù Cristo usate per indicare qualcosa di quasi impossibile

Lei era la brutta, la vera brutta della classe, mai avuto un
ragazzo fino a diciott'anni. Io, Stefi e Lucia, semmai, avevamo
85 seminato bene.

Avevamo **un curriculum uscite°** più che credibile […] e
invece…

molti appuntamenti con vari ragazzi

Ora siamo tutte a Milano, ancora amiche, ancora complici,
ancora single.

90 E Monica Olla da Macomer sta per diventare la signora Selis.

Nemmeno il tempo di **fare una bambolina di pezza con la sua faccia da usare come portaspilli°** che mi squilla il telefonino.

riferimento a un rituale vodoo per fare il malocchio a qualcuno

Dalla suoneria delle Charlie's Angels capisco che è una delle mie amiche. Infatti è Lucia: "Dimmi che è uno scherzo!".

95 "È uno scherzo", rispondo.

"Davvero?"

"No, Lucia, era per compiacerti. Che ne so. L'ho appena vista. Sono sgomenta, mi sento come un maialetto quando vede il girarrosto. Sono senza parole…"

100 […]

"Non è il momento di scherzare, dobbiamo fare di tutto per evitarlo", implora.

"[…] dobbiamo evitare di arrivare a Macomer tutte ancora **spaiate°**. Insomma, dobbiamo trovare un uomo."

senza accompagnatori

105 "Uno? Ma se siamo in tre! Già è difficile trovarne uno, figurati tre. Ho un'idea… possiamo aspettare che arrivi a Milano *Sette spose per sette fratelli°* e convincerne tre su sette, non dovrebbe essere difficile."

famoso musical americano degli anni sessanta

"Ipotesi suggestiva ma praticabile come ordinare tre pizze
110 a domicilio e arrivare alla cerimonia tutte e tre in motorino con un pizza boy!"

"Bello, sarebbe anche un'idea per non presentarsi a mani vuote: portiamo le pizze!"

"Scherza quanto vuoi, ma io sola a quel matrimonio non ci
115 vado. E siccome ho intenzione di esserci dobbiamo vederci subito per una riunione urgente. Ci sei stasera?"

"Certo!"

"Ok, a dopo. Avvisa Stefania!"

"Roger!"

120 Anche Lucia, come me, non l'ha presa bene. Nulla potrebbe turbare la sua quiete più della notizia di un

matrimonio. Soprattutto se non è il suo. È dura avere
trent'anni e **un corredo°** che comincia a ingiallire e sta per
essere nominato patrimonio dell'umanità dall'Unesco.

*biancheria messa
insieme da una
ragazza che spera di
sposarsi*

125 L'unica consolazione è sapere di non essere sole. Le
amiche sono quella famiglia allargata che ti permette di
scendere a patti con i tuoi desideri, di sapere che non sei tu a
non andare bene, ma che trovare l'amore è difficile: punto e
basta. Ma se solo una rompe gli equilibri, la verità riprende
130 forma, si fa aggressiva, e lo sconforto balla la macarena.

Io e le mie amiche ci sentiamo tradite [. . .]. E dichiariamo
guerra al traditore. [...] Monica, che con una partecipazione
scritta in corsivo su un foglio di carta manda all'aria la nostra
vita.

◆ ◆ ◆

B *Dopo aver letto . . .*

B.1 Comprensione di base.

1. Perché la macchina della narratrice, Bonifacia, merita un nome?

_____

_____

2. Di quali cibi e bevande consiste la colazione della narratrice?

_____

_____

3. Quanti anni ha la protagonista? In che senso la sua situazione presente è
diversa dalla sua infanzia e in quali aspetti è simile?

_____

_____

4. Qual è la posta che la narratrice riceve di solito? Che cosa c'è di diverso oggi? Di che cosa lei immagina che si tratti?

_____

_____

5. Chi è Maurizio e che dice di lui la narratrice?

_____

_____

6. Che cosa fa la narratrice con la lettera invece di aprirla? Perché?

_____

_____

7. Che messaggio c'è nella lettera e perché la narratrice è "sconvolta"?

_____

_____

8. Che tipo era Monica ai tempi del liceo, e in che modo la narratrice, Stefi e Lucia erano diverse da lei?

_____

_____

9. Mentre progettano di andare a Macomer per il matrimonio, qual è la più grande preoccupazione delle tre amiche?

_____

_____

10. Qual è l'unica consolazione delle amiche trentenni e single, e perché adesso si sentono tradite?

_____

_____

B.2 Sostituite le espressioni in corsivo con quelle equivalenti sottoelencate.

niente più	*ci sono riuscita*	*ci è rimasta male*	*distrugge*	*metterti d'accordo*
d'un tratto	*senza un regalo*	*accadrà*	*il possibile*	*niente è cambiato*

1. "Qualcosa di terribile *sta per succedere.*" (RIGHE 1-2) _____

2. "Insomma, *tutto come al solito.*" (RIGA 11) _____

3. "*Ce l'ho fatta!*" (RIGHE 54-55) _____

4. "*All'improvviso* la cucina intorno a me diventa una sala cinematografica." (RIGHE 61-62) _____

5. "[…] dobbiamo fare *di tutto* per evitarlo." (RIGHE 101-102)

_____

6. "[…] sarebbe anche un'idea per non presentarsi *a mani vuote* […]." (RIGHE 112-113)

_____

7. "Anche Lucia, come me, *non l'ha presa bene.*" (RIGA 120) _____

8. "Le amiche sono quella famiglia allargata che ti permette di *scendere a patti* con i tuoi desideri […]." (RIGHE 125-127) _____

9. "[…] trovare l'amore è difficile: *punto e basta.*" (RIGHE 128-129)

_____

10. "Monica […] *manda all'aria* la nostra vita." (RIGHE 132-134)

_____

B.3 Alcuni verbi italiani si ottengono aggiungendo il suffisso *-eggiare* ad aggettivi e a sostantivi dopo l'eliminazione dell'ultima vocale. Leggi la seguente lista e identifica il sostantivo o l'aggettivo di base.

Esempio dal testo:

"[…] **sorseggio** il latte e mi scaldo […]." (RIGHE 17-18)
Sorseggiare - sostantivo di base: *il sorso*

1. Scarseggiare: _____

2. Corteggiare: _____

3. Posteggiare: _____

4. Primeggiare: _____

5. Villeggiare: _____

6. Albeggiare: _____

7. Frescheggiare: _____

8. Gareggiare: _____

9. Festeggiare: _____

10. Amareggiare: _____

B.4 📖 Trovate le parole composte dai verbi e dai nomi seguenti determinando il loro significato. Poi completate l'esercizio di sotto.

CURIOSITÀ LINGUISTICA

Le parole composte sono spesso formate da un verbo all'imperativo familiare e un nome. Due esempi nel testo sono *posacenere* (posare + cenere) e *portaspilli* (portare + spilli).

---

aprire + bottiglie	*cavare + tappi*	*tostare + pane*
aprire + scatole	*segnare + libro*	*attaccare + panni*
portare + bagagli	*portare + monete*	*cacciare + vite*
asciugare + capelli	*lavare + stoviglie*	*accendere + sigari*

1. "Se hai voglia di mangiare un po' di questo tonno, portami un _____ così apro la lattina."

2. "Vuoi mettere le valigie nel _____ mentre io chiudo a chiave la porta?"

3. "Mamma ha bisogno di un nuovo _____ perché quello vecchio brucia il toast ogni volta che lo usa. Che ne dici di comprarle il nuovo modello di Alessi? È bellissimo!"

4. "Che cosa hai regalato a Marilena per la laurea?" "Una copia di *Lessico famigliare* di Natalia Ginzburg rilegata in pelle e dei _____ carini che ho trovato in un negozio di libri antichi a Firenze."

5. "Facciamo un brindisi! Passami il _____ e aprirò il vino."

6. "Ti sei trovato bene in quell'albergo?" "Beh, la camera era abbastanza bellina ma il bagno non era gran che. Non aveva neanche un _____ e ho dovuto richiederlo. Al giorno d'oggi mi sembra un po' assurdo, non ti pare?"

7. La casa in campagna è molto rustica, arredata al minimo. In cucina c'è solo una tavola con quattro sedie, una piccola cucina a gas e un lavandino. Manca una _____ e altri elettrodomestici che abbiamo a casa in città.

8. "Le birre fredde sono nel frigo ma non trovo l'_____. Sai dov'è?" "Ce ne sono due nel cassetto accanto al lavandino."

C *Occhio alla grammatica!*

CURIOSITÀ LINGUISTICA

Nell'esercizio seguente troverete due usi particolari delle preposizioni DI e DA.

(1) DI + aggettivo (qualcosa di *importante*; niente di *particolare*) indica una certa qualità come si vede nel seguente esempio tratto dal testo: *Es. "Quando tutto è calmo, qualcosa di terribile sta per succedere."* (RIGA 1)

(2) DA + infinito (qualcosa da vedere; niente da bere) indica uno scopo o un uso particolare di una cosa come si vede nel seguente esempio tratto dal testo: *Es. "[…] una bambolina di pezza con la sua faccia da usare come portaspilli."* (RIGHE 91-92)

C.1 Le preposizioni DI e DA. Formate delle risposte alle seguenti domande adoperando gli elementi in parentesi secondo l'esempio.

Esempio:

Cosa c'è nel frigo? (Non c'è niente / buono / mangiare nel frigo)
*Non c'è niente **di** buono **da** mangiare nel frigo.*

1. Cos'ha detto Luigi nella lettera? (Non ha detto niente / clamoroso)

_____

2. Cosa vuoi fare stasera? (Vorrei guardare qualcosa / interessante alla tivù.)

_____

3. Vieni con noi? (Non posso. Ho dei compiti / correggere)

_____

4. È possibile vedere tutta Firenze in due giorni? (No. Ci sono troppi bei musei / visitare)

_____

5. Sono stufo della vita provinciale di questo paese.
(A chi lo dici! Non c'è mai niente / nuovo / fare qui!)

_____

6. Pensi che sia troppo tardi per risolvere questa situazione?
(Non credo, ma non c'è tempo / perdere!)

_____

7. Cos'ha detto di me Lucia? (Non ha detto niente / male nei tuoi riguardi.)

---

8. Non mi piace Maria. (Ma Maria piace a tutti! Il tuo comportamento verso di lei è difficile / capire.)

---

9. Cosa ti metti per la festa stasera?
(Sono disperata. Non ho assolutamente nulla / elegante / indossare.)

C.2 Il GERUNDIO PRESENTE: Trasformate le seguenti frasi cambiando il gerundio presente a una forma coniugata del verbo.

CURIOSITÀ LINGUISTICA

IL GERUNDIO sostituisce spesso una proposizione dipendente, causativa o temporale, come negli esempi di sotto. Ricordate che si può sostituire il gerundio a un verbo coniugato solo quando la proposizione principale e quella dipendente hanno lo stesso soggetto.

Esempi dal testo:
"**Non avendo** più il coraggio di telefonare, scrive." (RIGA 38)
Valore causativo = **Poiché non ha più il coraggio di telefonare**, *scrive.*
"Mi scaldo **avvolgendomi** nel plaid come quand'ero piccola." (RIGA 18)
Valore temporale = **Mi scaldo mentre mi avvolgo nel plaid** [...].

1. Guardando fuori dalla finestra, ho visto che il cielo non era più limpido e che stava per piovere.

---

2. Giuliana mi parlava **ritoccandosi** il trucco davanti allo specchietto.

---

3. Non avendo più niente da dire, Mario se n'è andato.

---

4. Sorseggiando il latte, Marianna ascoltava la radio.

_____

5. Sigillando la busta, pensavo alla reazione di mia madre quando avrebbe ricevuto la notizia.

_____

6. Non volendo andare da sole al matrimonio, le tre amiche hanno deciso di cercare una soluzione al problema.

_____

C.3 Il GERUNDIO PASSATO: Esprime un'azione anteriore a quella espressa nella frase principale. Come il GERUNDIO PRESENTE, ha un valore causativo o temporale. Trasformate le frasi di sotto come negli esempi.

Esempi:

Avendo parcheggiato la macchina, sono andata subito verso la stazione.
Valore temporale = **Dopo che avevo parcheggiato** la macchina, sono andata verso la stazione.

Essendo partita prima degli altri, Luisa è arrivata in anticipo.
Valore causativo = **Siccome era partita prima degli altri**, Luisa è arrivata in anticipo.

1. Essendosi distesa sul divano, Marina ha acceso la tivù.

_____

2. Avendo preparato la tisana, l'ho portata a mia madre in camera.

_____

3. Non essendo stati presenti alla conferenza stampa, quei giornalisti non erano al corrente della situazione.

_____

4. Avendo aperto il secchio della spazzatura, la protagonista ci ha buttato dentro la lettera.

---

5. Essendosi svegliati presto, i bambini erano troppo stanchi per andare al parco.

---

6. Non avendo potuto trovare un parcheggio vicino al centro, i ragazzi hanno deciso di tornare a casa e prendere la metro.

D *Parliamone un po'!*

1. Per la narratrice, l'ora di colazione offre un momento per riflettere su diverse cose nella sua vita. È lo stesso per te? Se no, qual è normalmente il momento più rilassante della giornata?

2. La colazione della narratrice è quella tipica degli italiani. Come differisce dalla colazione tipica nel tuo paese? Da' esempi specifici.

3. Come definiresti il rapporto di amicizia tra la narratrice, Stefi e Lucia? Hai anche tu amici / amiche con cui hai un rapporto simile?

E   *Occhio alla scrittura!*

Scrivi un tema di circa 200 parole sul seguente argomento:

Quando in una comitiva c'è un amico o un'amica che si lega sentimentalmente a qualcuno, gli altri a volte si risentono di questo perché vengono spesso trascurati. Secondo te, come si potrebbero conciliare il rapporto di amicizia con il gruppo e quello sentimentale con il partner? Ricorda di consultare l'*Appendice delle espressioni per la composizione* che aiutano a scrivere un componimento più scorrevole.

_____

_____

_____

_____

_____

_____

_____

_____

_____

_____

_____

_____

_____

_____

_____

_____

_____

_____

_____

Breve curriculum vitae
di
Stefano Benni

- **Data di nascita:** 12 agosto 1947

- **Luogo di nascita:** Bologna (Emilia Romagna)

- **Forse non sapevi che...** oltre ad essere scrittore, è anche sceneggiatore, regista, giornalista, poeta e drammaturgo.

- **Profilo letterario:** La scrittura di Benni gira intorno a mondi immaginari e ironizza sulla società e sulla politica italiana contemporanea. Il suo stile è estremamente vivace grazie soprattutto alla presenza di numerosi giochi di parole e neologismi.

- **Top 5 della sua carriera:** *Bar Sport (1976); Il Benni furioso (1979); Elianto (1996); La compagnia dei Celestini (1992); Bar Sport Duemila (1997); Margherita Dolcevita (2005).*

◆ ◆ ◆

- **Se vuoi saperne di più...**

1. Cerca la città di Bologna sulla cartina dell'Italia (a pagina 2). Bologna ha due soprannomi: "la grassa" e "la dotta". Riesci a trovarne il motivo?

2. Il tipico bar italiano che ha ispirato tre dei più noti libri di Benni è una vera istituzione in Italia. Con l'aiuto di Internet trova alcune informazioni sul bar di quartiere, microcosmo della società italiana.

3. Visita il sito ufficiale di Stefano Benni (www.stefanobenni.it) e trova il soprannome di questo autore. Noterai l'uso particolare del verbo "ululare". Scopri il legame tra questo verbo e il soprannome dell'autore e condividilo con i tuoi compagni.

A   📖 *Prima di leggere . . .*

A.1   Abbinate le espressioni della colonna A alle definizioni o ai sinonimi della colonna B.

A	B
1. rinunciare	**a)** irritante; fastidioso
2. squillare	**b)** rendersi conto; capire
3. la brioche	**c)** il WC
4. intingere	**d)** togliersi di vista
5. grondante	**e)** vigile; attento
6. molesto	**f)** zuppo; molto bagnato
7. scomparire	**g)** fare a meno di
8. all'erta	**h)** il cornetto
9. accorgersi	**i)** suonare; trillare
10. il cesso	**l)** immergere

A.2 Il signor Diditì è alla ricerca del telefonino che squilla. Quali movimenti compie per raggiungerlo? Osservate i disegni nelle nuvolette e poi completate le frasi seguenti facendo i cambiamenti necessari.

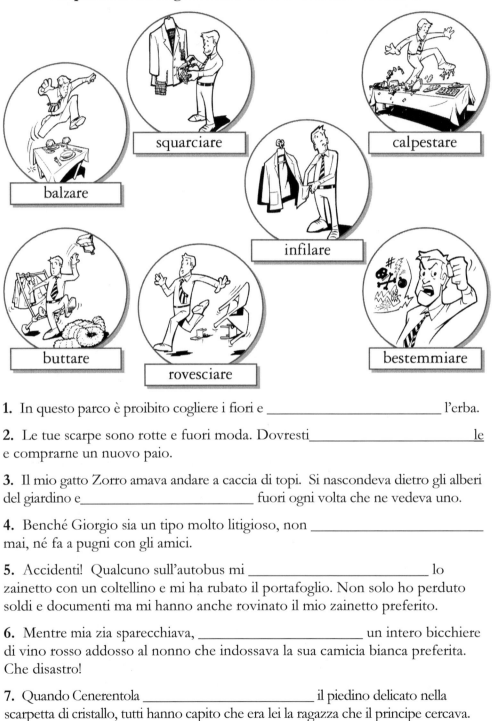

1. In questo parco è proibito cogliere i fiori e _____ l'erba.

2. Le tue scarpe sono rotte e fuori moda. Dovresti_____ le
e comprarne un nuovo paio.

3. Il mio gatto Zorro amava andare a caccia di topi. Si nascondeva dietro gli alberi
del giardino e_____ fuori ogni volta che ne vedeva uno.

4. Benché Giorgio sia un tipo molto litigioso, non _____
mai, né fa a pugni con gli amici.

5. Accidenti! Qualcuno sull'autobus mi _____ lo
zainetto con un coltellino e mi ha rubato il portafoglio. Non solo ho perduto
soldi e documenti ma mi hanno anche rovinato il mio zainetto preferito.

6. Mentre mia zia sparecchiava, _____ un intero bicchiere
di vino rosso addosso al nonno che indossava la sua camicia bianca preferita.
Che disastro!

7. Quando Cenerentola _____ il piedino delicato nella
scarpetta di cristallo, tutti hanno capito che era lei la ragazza che il principe cercava.

A.3 **Completate il seguente brano scegliendo le espressioni appropriate tra quelle elencate sotto e facendo i cambiamenti necessari.**

gratuito – caro – squillo – cellulare – bolletta

fisso – batteria – chiamare – sms – interurbano

ricaricare – carico – acceso – spegnere

> **CURIOSITÀ**
>
> **Il canone:** quota di denaro fissa che viene pagata dagli abbonati per un servizio (telefono, gas, elettricità).
> **La bolletta:** il conto mensile di un servizio.
> **Fisso:** telefono tradizionale, non il cellulare.
> **Carico:** lo è il telefonino quando la batteria è piena.

Il telefonino è un mezzo di comunicazione formidabile. Possiamo usarlo sia

per _____[1] parenti e amici e sia per mandare _____[2].

Quando lo si usa di continuo, la _____[3] si scarica facilmente,

perciò, per usarlo in modo efficiente è importante ricordarsi di

_____la[4] regolarmente. Infatti, nelle emergenze è importante che

questa sia _____[5] e che il _____[6] funzioni alla

perfezione.

Inoltre c'è una certa etichetta che si dovrebbe rispettare per quanto riguarda

l'uso del telefonino. Dovremmo _____lo[7] quando siamo in

chiesa, ad una conferenza o al cinema, ma anche in classe. Purtroppo, molte

persone distratte o addirittura maleducate lo lasciano _____[8]

correndo il rischio di disturbare gli altri.

Molti italiani preferiscono usare il telefonino piuttosto che il telefono

_____[9] perché qualche volta questo costa anche di più. Infatti la

_____[10] può essere piuttosto salata, specialmente quando si fanno

molte telefonate _____[11].

Inoltre con il telefonino si può risparmiare evitando lunghe telefonate e

magari limitandosi a fare uno _____[12] per comunicare qualcosa a

un amico. In Italia ci sono tre grandi compagnie per la telefonia cellulare, TIM,

Vodafone e la 3. Queste hanno spesso delle offerte speciali, ma non offrono mai

telefonini _____[13] come negli Stati Uniti. I telefonini si devono

comprare e sono molto _____[14]!

Il Diditì, o il drogato da telefonino

Creatura recentemente apparsa ma ormai tristemente
nota. Il suo dramma non è il cellulare, ma la dipendenza, cioè il
non saper rinunciare al telefonino nei luoghi più improbabili e
5   nelle situazioni più scomode. Per questa ragione è detto **DDT°**,
ovvero Drogato Da Telefonino.

*pesticida di cui si faceva
ampio uso fino agli anni
settanta, ma adesso proibito
perché considerato dannoso
alle persone e all'ambiente*

Ad esempio, il DDT è appena entrato nel bar e il cellulare trilla
mentre sta bevendo un cappuccino. Il DDT continua a bere con
la destra e risponde con la sinistra, oppure intinge il cellulare
10   nella tazza e si attacca una brioche all'orecchio. Va alla toilette
telefonando, e dentro si odono rumori molesti, sciabordio, e
schianti dovuti alla difficoltà di compiere certe operazioni con
una mano sola. Spesso quando esce ha il cellulare grondante e
strane macchie sui pantaloni. Inoltre ogni anno circa duemila
15   telefonini spariscono in **turche°** o gorghi porcellanati. Una
leggenda metropolitana li vuole clonati e usati dai ratti di fogna
al posto della comunicazione ultrasonica. Il DDT risponde in
qualsiasi situazione, posizione, e occasione. La sua prerogativa è
infatti "l'effetto **Colt**"°: non può sentire un trillo senza estrarre
20   di tasca l'arma, vive sempre all'erta come un pistolero, risponde
velocissimo non solo al trillo del suo cellulare, ma anche a quello
del vicino, al trillo della cassa, ai trilli dei telefoni in televisione e, in
campagna, anche al canto dei grilli.

vecchio modello di WC

tipo di pistola

Ma soprattutto due sono le situazioni in cui la nevrosi del
25   DDT esplode in tutta la sua violenza. La prima è quando è a una
tavolata di ristorante e ha lasciato il cellulare nel cappotto.
Udendo il trillo fatidico, che riconosce tra gli altri come il
vagito del primogenito, balza sul tavolo, calpesta antipasti,
rovescia sedie, ribalta tavoli e parte come **una belva°** verso
30   l'attaccapanni. Qua butta in aria pellicce e cappotti altrui, a
volte per far prima li squarcia con un coltello, infila la mano
nella fodera, sbaglia tasca, bestemmia e raggiunge il cellulare
non appena questo ha smesso di trillare. A questo punto lo
porta con sé sul tavolo, parcheggiandolo vicino al piatto.

animale feroce

35 Dopodiché lo osserverà con odio tutta la sera, perché il cellulare resterà silenzioso, e suonerà solo una volta rimesso nel cappotto.

Un altro evento che mette in crisi il cellularista DDT è quando si accorge che nel locale il telefonino non riceve il 40 segnale. Questo lo atterrisce come se gli si fermasse lo stimolatore cardiaco. Il DDT inizia a percorrere in lungo e in largo la stanza, striscia contro i muri, sale sui tavoli, salta come un canguro alla disperata ricerca di un segno di vita della sua creatura. Spesso si può vedere il DDT in una delle seguenti 45 posizioni:

a. modello "Statua della libertà", in piedi sul tavolo col telefonino innalzato verso il soffitto;

b. modello "**Gogna**"°, con mezzo busto fuori dalla finestra, braccio proteso e mezzo congelato;

antico strumento di punizione e tortura

50 c. modello "**Frontiera**"°, deambulante avanti e indietro attraverso la porta, in un vortice di spifferi e proteste;

confine; linea di separazione tra due stati

d. modello "Fisherman", col cellulare legato a una canna da pesca infilata nello spioncino dell'aerazione in alto a destra;

e. modello "Delega", nervosissimo dopo aver pagato un 55 ragazzino perché gli tenga il cellulare fuori dal locale. La percentuale di restituzione è del cinquanta per cento, ma pur di avere il telefonino in funzione, Il DDT corre questo rischio;

f. modello "**Eremita**"°, seduto sul cesso tutta la sera perché lì è l'unico punto dove riceve.

chi si allontana dalla società per vivere una vita solitaria

60 Che tipo di importante conversazione impegna il cellularista DDT? Quasi sempre è difficile stabilirne la logica e soprattutto la necessità.

Ne facciamo qui alcuni esempi, riportando solo le frasi del cellularista, e lasciando alla vostra fantasia la parte 65 dell'interlocutore.

Telefonata progettuale

Sì io sto qui, tu dove sei?

Ah, e dopo dove vai?

Ho capito, allora ci sentiamo stasera?

70 No stasera non lo so, perché tu dove vai?

Sì forse vengo anch'io, ma tu ci sei?

Allora stasera ti chiamo per sentire se ci sei, se no mi dici dove sei, se no dove sei domani.

Sì, domani io sto qua, tu vai via o stai qua?

75 Se vado via chiama che ti raggiungo. Se no ti chiamo io per dirti che non vengo e che è inutile che chiami.

Senti e per le vacanze dove vai?

No io non torno là, tu ci torni?

Beh magari ti telefono se decido che torno, se no se decidi che
80 torni mi chiami tu.

Va bene, sì ciao, ciao.

Senti, e a Capodanno cosa fai?

Ad libitum°.   *a piacere, a volontà*

[...]

85   ## Conversazione urgente di lavoro

Sono Borghi, c'è il dottor Lamanna?

Lamanna? No, sono Borghi, vorrei il dottor Lamanna.

Dottor Lamanna, sono Borghi... Ah non è lei, me lo può passare da lì?

90 Sono sempre Borghi, santodio mi può passare Lamanna?

Scusi ma è un'ora che dite che mi passate Lamanna, me lo passate o no?

Borghi, sono Borghi perdio!

Come "Cosa voglio?". Voglio il dottor Lamanna!

95 Lamanna? Ah ciao, sono Borghi, scusa ti posso richiamare tra un'oretta che adesso ho da fare?

[…]

Conversazione sibillina (a bassa voce)

Pronto sei tu, sono io...

100 Guarda per quella cosa ho parlato con quello ma niente…

Senti, parla con lui per sapere se può fare almeno l'altra cosa.

No io non posso dirtelo adesso così ma secondo me per quell'altra cosa bisogna che chiami tu.

Allora io chiamo lui e gli dico che poi tu lo chiami per
105 quella cosa.

Ciao va bene ma non parlarne con chi sai tu che poi mi chiama e succede quello che sai.

Conversazione strategica

Nerio, sono Augusto, se senti questo messaggio nella
110 segreteria del cellulare lascia un messaggio nella segreteria di casa mia perché adesso vado a fare la sauna e lì il cellulare non funziona però quando esco ti chiamo e se trovo il tuo cellulare spento ti lascio un messaggio a casa per dirti se prendo il treno dove mi puoi chiamare dalle otto e trenta alle nove perché dopo
115 cominciano le gallerie, ma posso anche chiamare io la tua segreteria telefonica dicendoti dove sarò in albergo oppure se mi si scarica il cellulare chiamami tu in segreteria a casa che cerco di fare un trasferimento di chiamata, e se non ci riesco ti lascio   in segreteria un numero dove puoi lasciarmi un messaggio dove dici
120 a che ora hai il cellulare acceso così ti chiamo.

Conversazione di mercato

Nico sono qua al negozio ma la camicia verde a righe grandi non ce l'hanno.

Ce l'hanno a righine verdi piccole, chiare...

125 Piccole quanto non saprei, diciamo come un capello.

Che ne so se è un capello mio o un capello tuo, comunque non hanno la taglia cinquantaquattro.

Non so se va bene il cinquantadue, senti non hai un metro per misurarti il collo, misuratelo e poi richiama e mi devi anche 130 aiutare a comprare i formaggi.

Conversazione-truffa

(fatta da un uomo con una bionda vistosissima al fianco)

Gina sei tu?

Ciao cara, senti non rientro stasera, sono ancora a Milano, la 135 riunione è stata più lunga del previsto.

Che tempo fa a Milano? (imbarazzo) beh, che tempo vuoi che faccia a Milano...

I rumori? Ah sì, sono nello studio dell'avvocato Gambetta, siamo in una pausa. Te lo saluto sì. Avvocato (rivolto al barista 140 stupito) mia moglie la saluta.

Va bene amore, ci vediamo domattina, ma tu dove sei, in casa?

Certo amore che sono a Milano ma insomma ti fidi o no?

Un bacio cara, scusa cos'è questa musica di sottofondo?

Lo stereo della camera da letto?

145 Scusa cara ma noi non abbiamo lo stereo nella camera da letto.

Come l'hai comprato stamattina? Guarda cara non fare la furba che in dieci minuti... in un'ora d'aereo piombo lì [. . .]! Va bene, va bene, mi fido, se non ci si fida allora è inutile.

150 Certo che sono a Milano, fidati.

Scusa, che marca è lo stereo che avresti comprato?

B *Dopo aver letto . . .*

B.1   **Comprensione di base. Rispondete alle seguenti domande con frasi complete.**

1. Perché l'autore definisce il suo protagonista "drogato da telefonino"?

_____

_____

2. Quale rischio corre il DDT nel bar? E in bagno?

_____

_____

3. A che cosa si riferisce "l'effetto Colt"?

_____

_____

4. Qual è la reazione del DDT quando sente un trillo al ristorante?

_____

_____

5. Pur di trovare il segnale per il suo telefonino, il DDT assume delle posizioni strategiche. Quali sono?

_____

_____

6. Secondo l'autore, quali sono gli argomenti più comuni di cui parla spesso chi non può fare a meno del telefonino?

_____

_____

B.2 📖 Leggendo il testo troverete alcune parole onomatopeiche, cioè parole che riproducono il suono di ciò che esprimono. Associate gli elementi della colonna A con le parole onomatopeiche appropriate della colonna B.

A	B
1. il serpente	a) cigola
2. l'orologio	b) fanno din don
3. la rana	c) sibila
4. le campane	d) ticchetta
5. il gatto	e) gorgoglia
6. il lupo	f) brontola
7. una vecchia ruota	g) gracida
8. chi parla a bassa voce	h) miagola
9. un ruscello	i) bisbiglia
10. chi si lamenta con voce cupa	l) ulula

B.3 **Completate le seguenti frasi utilizzando le parole onomatopeiche elencate sotto, facendo i cambiamenti necessari.**

Esempio dal testo:

"[…] il cellulare **trilla** mentre sta bevendo un cappuccino." (RIGHE 7-8)

belare	*rimbombare*	*cinguettare*
i tuoni	*gli spifferi*	*lo sciabordio*

1. Quando fuori c'è il temporale Angelina vuole sempre dormire nel letto dei suoi genitori perché ha molta paura quando vede i lampi e sente

_____ in lontananza.

2. Adoro passeggiare in campagna e ascoltare gli uccelli che_____ sugli alberi.

3. Abbiamo comprato una casa sul mare. Di notte è stupendo ascoltare

_____ delle onde contro la scogliera.

4. Per favore, spegni lo stereo. _____ per tutta la casa in modo assordante.

5. Fa un freddo cane in questa casa. Le finestre non si chiudono bene e entrano _____ di aria gelata in tutte le stanze.

6. Quando vado in campagna dai miei zii non riesco mai a dormire la mattina perché le loro pecore _____ in continuazione.

C   *Occhio alla grammatica!*

C.1   **Nelle frasi che seguono sostituite le parole in neretto con la forma giusta del PARTICIPIO PRESENTE.**

Esempio dal testo:

"Spesso quando esce ha il cellulare **grondante** [...]." (RIGA 13)

> **CURIOSITÀ GRAMMATICALE**
> Il participio presente del verbo può avere funzione o di sostantivo (*Andrea Bocelli è un cantante d'opera*) oppure di aggettivo (*Invece di quelle caramelle mangia qualcosa di più nutriente come uno yogurt alla frutta.*)

1.   Mi hanno dato una notizia **che mi preoccupa** assai.

Mi hanno dato una notizia assai _____.

2.   Pinocchio non ha ascoltato i consigli del Grillo **che parlava**.

Pinocchio non ha ascoltato i consigli del Grillo _____.

3.   I vini **che provengono** dall'Italia portano spesso l'etichetta D.O.C.

I vini _____ dall'Italia portano spesso l'etichetta D.O.C.

4.   Nell' esercizio **che segue** troverete tutte le forme del verbo *AVERE*.

Nell'esercizio_____troverete tutte le forme del verbo *AVERE*.

5.   Il nuovo libro di Andrea Camilleri **affascina** tutti quelli che lo leggono.

È un romanzo davvero_____!

6.   Marina **seduce** tutti con le sue belle maniere.

È una ragazza incredibilmente _____!

7.   Le sue giustificazioni non mi **convincono** molto.

Le sue giustificazioni non sono molto _____.

8.   Quella donna **che bada** al nonno è molto dolce ma efficiente allo stesso tempo. È un'ottima _____.

C.2   **Adesso completate le frasi seguenti con i PARTICIPI PRESENTI corretti.**

1. Gina è arrossita quando le sue amiche le hanno fatto quella domanda . . .

    a) abbondante   **b)** imbarazzante   **c)** impressionante

2. Ho trovato il film "Il Silenzio degli innocenti" addirittura . . .

    a) agghiacciante   **b)** promettente   **c)** ridente

3. Gli alberi del nostro giardino quest'anno sono pieni di fiori, il che vuol dire che quest'estate ci sarà la frutta . . .

    a) allarmante   **b)** conveniente   **c)** abbondante

4. Quella Maria è una vera perla. È sempre carina e . . .

    a) sorridente   **b)** ignorante   **c)** esigente

5. A mio parere, il Professor Di Marco si aspetta troppo da noi. È veramente . . .

    a) ridente   **b)** esigente   **c)** emozionante

6. Chi vuole avere successo nel mondo degli affari dev'essere sia tenace che . . .

    a) intraprendente   **b)** promettente   **c)** sorridente

7. Alla fine della stagione quando i negozi fanno i saldi i prezzi sono quasi sempre più . . .

    a) urgenti   **b)** convenienti   **c)** deludenti

8. Il suono continuo dei cellulari è fastidioso e _____, specialmente quando si è al ristorante o in un altro luogo pubblico.

    a) preoccupante   **b)** controproducente   **c)** seccante

C.3 📖 Cercate di identificare a che cosa si riferiscono i PARTICIPI PASSATI nelle frasi prese dal testo. Date anche l'infinito per ogni participio passato.

Esempio dal testo:

"[. . .] a che ora hai il cellulare **acceso**." (RIGA 120)

Infinito: *accendere*   Si riferisce…: *al cellulare*

	Infinito	Si riferisce a
1. recentemente **apparsa** (RIGA 1)	_____	_____
2. **dovuti** alla difficoltà di compiere certe operazioni (RIGA 12)	_____	_____
3. **clonati** e **usati** (RIGA 16)	_____	_____
4. **innalzato** verso il soffitto (RIGA 47)	_____	_____
5. **proteso** e mezzo **congelato** (RIGA 49)	_____	_____
6. **legato** a una canna da pesca (RIGHE 52-53)	_____	_____
7. **infilata** nello spioncino dell'aerazione (RIGA 53)	_____	_____
8. **seduto** sul cesso tutta la sera (RIGA 58)	_____	_____
9. [. . .] **spento**, ti lascio un messaggio (RIGA 113)	_____	_____
10. [. . .] **acceso**, così ti chiamo (RIGA 120)	_____	_____

D   *Parliamone un po'!*

1. Al giorno d'oggi sembra che non si possa fare a meno del cellulare. Quante telefonate fai o ricevi ogni giorno? E quanti messaggi mandi? Quali funzioni del tuo telefonino ti piacciono in particolare e usi più spesso?

2. Ti dà fastidio quando le persone abusano del cellulare? Secondo te chi abusa di più dei telefonini? I giovani, gli uomini d'affari o le casalinghe? In quali luoghi e circostanze dovrebbe essere vietato l'uso del telefonino?

3. Quali consideri i vantaggi di avere un cellulare? E gli svantaggi? Quali sono le persone che hanno più bisogno del telefonino e per quali professionisti è veramente indispensabile? Spiega la tua opinione.

E *Occhio alla scrittura!*

CURIOSITÀ

anke: *anche*

c sent: *ci sentiamo*

cmq: *comunque*

dm: *domani*

dp: *dopo*

dr: *dire*

dv 6: *dove sei*

ke: *che*

ki: *chi*

km: *come*

kn: *con*

ks: *cosa*

mmt+: *mi manchi tantissimo*

nm: *numero*

nn: *non*

prox: *prossimo*

qlk: *qualche*

qlks: *qualcosa*

qkl1: *qualcuno*

qnd: *quando*

qndi: *quindi*

qnt: *quanto*

qst: *questo*

rsp: *rispondi*

sl: *solo*

smpr: *sempre*

sms: *messaggio*

sn: *sono*

spr: *sapere*

sxo: *spero*

t tel + trd: *ti telefono + tardi*

trp: *troppo*

tvtb: *ti voglio tanto bene*

xché: *perché*

xciò: *perciò*

xh: *per ora*

xò: *però*

xsona: *persona*

xxx: *tanti baci*

-male: *meno male*

+ - x: *più o meno per*

Scrivi un tema su uno dei seguenti argomenti:

1. Utilizzando i simboli per gli SMS elencati accanto, manda un messaggino di circa 50 parole ad un amico.

2. Parla di una situazione in cui il tuo telefonino ti ha causato imbarazzo e di un'altra in cui invece si è rivelato utilissimo o, addirittura, ti ha salvato. Usa circa 200 parole.

_____

_____

_____

_____

_____

_____

_____

_____

_____

_____

_____

_____

_____

_____

_____

_____

_____

_____

APPENDIX

Espressioni per la composizione

1. **a differenza di** — unlike
2. **a parte** — aside from
3. **alla fine** — in the end/finally/eventually
4. **a proposito di** — in regards to
5. **ad ogni modo / comunque** — in any case / however
6. **anche se** — even if
7. **ancora una volta** — once again
8. **anzi** — rather/on the contrary
9. **al contrario / tutt'altro** — on the contrary/anything but
10. **certamente /sicuramente** — certainly/of course
11. **cioè** — that is; that is to say
12. **ciononostante** — nevertheless
13. **da una parte… e dall'altra** — on the one hand…and on the other
14. **del resto /dopotutto** — after all
15. **di nuovo / ancora una volta** — again
16. **di solito** — usually
17. **in conclusione** — in conclusion
18. **infine** — last of all/in the end
19. **innanzitutto/per prima cosa** — first of all
20. **inoltre** — (also) furthermore/in addition/moreover
21. **oltre a..** — in addition to…/besides
22. **per di più** — and furthermore . . .
23. **per lo più** — for the most part
24. **persino** — even
25. **poiché / siccome** — as/since
26. **quindi** — then/therefore
27. **secondo me/te/lui/etc.** — in my/your/his/etc. opinion
28. **soprattutto** — above all
29. **tranne** — except
30. **tuttavia** — nevertheless

1. **A differenza di** tanti altri formaggi più piccanti, il parmigiano ha un sapore quasi dolce.

2. Paolo dice sempre che verrà con noi in Italia ma **alla fine** ha sempre qualche scusa pronta.

3. La sorella di Marisa è una vera oca ma, **a parte** questo, è una persona simpaticissima.

4. **A proposito di** telefonini, Marco ne ha uno nuovo così piccolo che quasi quasi entra nel portafoglio.

5. Non sono sicura di poter venire con voi domani sera. **Ad ogni modo / comunque** vi telefonerò entro mezzogiorno per farvi sapere.

6. Mia figlia studia sodo **anche se** i suoi voti non sono sempre eccezionali.

7. **Ancora una volta** tua sorella ci ha fatto arrivare in ritardo. Deve assolutamente cambiare questa sua abitudine altrimenti non la inviteremo più a uscire con noi.

8. Ma che dici? Sì che mi piacciono le verdure, **anzi** le adoro e le mangio tutte le sere.

9. "Giorgio ha smesso di fumare?"
"**Al contrario / tutt'altro**! Aveva smesso per un breve un periodo, ma poi ha ricominciato peggio di prima."

10. Con il suo simbolo del "Gallo Nero" il Chianti è **sicuramente / certamente** uno dei vini italiani più conosciuti in tutto il mondo.

11. Mia madre non ha avuto niente in contrario quando le ho detto che volevo andare al concerto, **cioè** m'ha dato il permesso.

12. Ho provato più volte a spiegare le cose a Giovanni ma, **ciononostante,** non ha capito un'acca di quello che ho detto.

13. **Da una parte** capisco l'atteggiamento di chi si preoccupa dell'immigrazione clandestina, ma **dall'altra** c'è un lato umano che va considerato.

14. Mi dispiace, ma dovrete cercare una camera in albergo. **Del resto / dopotutto** anche voi vi rendete conto che nel mini appartamento di zia Caterina in cinque non ci stiamo.

15. Ieri sono andata in banca, ma ho già speso tutti i soldi che avevo prelevato e oggi devo tornarci **di nuovo / ancora una volta**.

16. **Di solito** la domenica Giuliana prepara i calamari fritti perché li adora. Domani però cucinerà del pollo lesso perché verrà a pranzo sua suocera che ha l'ulcera gastrica e non può mangiare nulla di fritto.

17. Il dottore mi ha detto di mangiare meno dolci e meno grassi, di smettere di fumare e di fare più esercizio fisico. **In conclusione**, mi ha detto di cambiare completamente il mio stile di vita.

18. Oggi per prima cosa abbiamo ripassato le regole di grammatica, poi abbiamo fatto diversi esercizi e **infine** abbiamo scritto un tema sull'argomento.

19. Quando mia madre fa la valigia ci mette **innanzitutto / per prima cosa** gli oggetti necessari per la toilette, e poi anche i vestiti, le scarpe, gli accessori e altre cose utili.

20. Gli automobilisti italiani raramente si fermano alle strisce pedonali per far passare qualcuno, **inoltre** qualche volta ignorano anche il semaforo rosso.

21. **Oltre a**lle sue amiche, Graziella ha invitato anche le sue cugine che sono simpatiche e intelligenti.

22. Non solo hai preso la mia macchina senza chiedermi il permesso, ma **per di più** me l'hai ripotata senza benzina!

23. Per colazione mi piace quasi tutto, ma **per lo più** bevo caffellatte e mangio fette biscottate con burro e marmellata di fragole.

24. Mauro è innamoratissimo di Elsa. La tempesta di email e telefonate e la riempie di regali. Ieri le ha **persino** mandato cinquanta rose rosse.

25. **Poiché / siccome** aveva saputo che suo figlio non si era ancora laureato, la signora Guidetti ha deciso di non comprargli più la macchina sportiva che gli aveva promesso.

26. Giuseppina aveva paura di arrivare troppo tardi all'aeroporto, **quindi** ha deciso di prendere il taxi invece dell'autobus.

27. Prima di partire mio padre fa sempre lunghi elenchi di tutto ciò che può servire perché **secondo lui** ogni viaggio è un'avventura.

28. A Carlo piacciono tutti i formaggi, ma mangia **soprattutto** il parmigiano perché è più delicato e non gli dà l'acidità di stomaco.

29. Mi piacciono tutte le tue borse **tranne** quella marrone che mi sembra troppo grande e ingombrante.

30. Io e Stefania abbiamo già ventotto anni, **tuttavia** non siamo ancora laureate.

TEXT CREDITS

◆ ◆ ◆

VIDEOCOURSE ITALIAN TEXTBOOK

ITALIAN COMPOSITION TEXTBOOK